南懷瑾

一代大師未遠行

周瑞金 張耀偉 編著

目錄

代序

南懷瑾：一代宗師未遠行

周瑞金

（前人民日報社副總編輯，中國生產力協會副會長，著名評論家、教授。）

南師走得很突然很安詳很奇特

一代宗師南師懷瑾先生走了。相信對於很多人來說，南師走得很突然。按說九十五歲是高壽了，但在很多人心中，他至少可以活到一百二十歲：思維極爲敏捷，步履極爲輕快，記憶力極爲清晰，待人處事極爲周到，這樣一位我們敬愛、慈悲、智慧的老師，僅從二〇一二年八月廿二日開始四大違和，九月十四日到醫院檢查治療，九月十八日下午五時左右進入禪定，十九日下午回到太湖大學堂。想不到，二〇一二年九月廿九日他就駕鶴西去了。這真是太突然了，很多人都沒有心理準備，頓然悲痛難抑，涕淚滂沱……

南老師的仙逝引起了社會各界極大的關注。正在出席中華人民共和國國慶六十三周年盛大招待會的溫家寶總理獲悉噩耗，待招待會致辭剛一結束，就急忙趕回辦公室親筆起草唁電，以個人名義發致太湖大學堂，成爲大學堂當天晚上收到的第一份唁電。溫總理唁電充滿感情評價說：

驚悉懷瑾先生仙逝，深表哀悼！先生一生為弘揚中華文化不遺餘力，令人敬仰。切盼先生學術事業在中華大地繼續傳承。謹向先生親屬表示慰問。

溫家寶

二〇一二年九月廿九日

生於憂患，死於憂患

二〇一二年九月三十日晚，即壬辰年八月十五中秋月圓之夜，太湖大學堂舉行南師祭奠告別儀式。來自全國各地（含港澳臺）、歐美等地的親人、朋友、學生共兩百多人，滿懷崇敬、痛惜之情爲南師送別。儀式上宣讀了溫家寶總理的唁電，中央文明辦副主任王世明先生充滿深情地發表了告別辭，南師兒子南一鵬代表親屬、周瑞金代表太湖大學堂老學生、李傳洪和郭姮晏代表吳江太湖國際實驗學校致辭後，由中國佛學院副院長、教務長，成都文殊院住持宗性法師莊嚴行禮，舉火，爲南師茶毗。

茶毗語曰：「應化人間樂太清，七星了然住大坪；遠走康藏通禪那，繽紛法雨墜紫雲……靈巖諸子出火宅，太湖水印峨眉月。四大五蘊如意樹，一粒粟米滄海闊。燒！」是時，明月當空，萬里無雲，青煙嫋嫋，全場靜默，揮淚拜別……

告別儀式後，許多親友學生銘感南師教化恩澤，心情難以平靜，久久不願離去。南師平日的音容笑貌、教化行止，又清晰地浮現在大家眼前。他在二十世紀八十年代說過的「我們這一代人，是生於憂患，死於憂患」的話，言猶在耳……

南師懷瑾先生一九一八年三月十八日生於浙江樂清翁垟鎮地團村。時逢軍閥割據、喪權辱國的年代，第二年（即一九一九年），便爆發了我國近現代史上著名的「五四」愛國救亡運動。從鴉片戰爭到一九一九年，近八十年的時間裏，中國屢遭西方殖民主義者侵略欺凌，從政治、經濟到文化深受殖民之害。「五四」後，中國人民終於奮起抗爭，在國共兩黨合作之下，推翻了北洋軍閥統治，實現了南北統一。

與此同時，一些留學美日歐歸來的學者，以西學的觀點批判中國歷史文化，提出打倒「孔家店」，有的甚至主張「全盤西化」，發動了一場新文化運動。這場新文化運動對我國引進西方文明，推動思想解放起了重要的歷史性作用。但是，由於它徹底否定中國傳統文化，甚至主張剷除中國歷史文化之載體——漢字，引起了當時很多知識分子，包括學貫中西的文化大家辜鴻銘等人的極力反對，認爲那是自毀長城，切斷民族文化命脈。然而，中國歷史文化最終難免在「愚昧、封建、落後」的標籤下被批判掃蕩，幾近斷滅，這是中國歷史文化亙古未有之變局。百年來的文風乃至大眾思維，也由此一改中國傳統文化下的溫柔敦厚之風，一變而為尖酸刻薄、偏激極端。由此，整個二十世紀，西方來的各種思想在中國主流舞臺上激蕩紛呈。同時，困惑與求索，痛苦與不安，爭論與爭議也從未停止過。人文文化的荒蕪，造成了信仰危機、道德危機、靈魂危機、社會危機……

南師就成長在這個令人窒息、令人悲憤的憂患環境，親眼目睹了國家和民族命運處在生死存亡的邊緣，青年時代的他憂心如焚。抗日戰爭爆發，南師激於民族大義，投筆從戎，躍馬西南，屯墾戍邊，在川康雲貴邊境任大小涼山墾殖公司總經理兼自衛團總指揮，馳騁一方。他有一首詩反映了這段時期的豪情萬丈：

東風驕日九州憂，一局殘棋尚未收。
雲散瀾滄江嶺上，有人躍馬拭吳鉤！

後來，鑒於國民黨中央和地方勢力各有圖謀，南師審時度勢，改變了人生方向，掛印而去。在辦了一段時間報紙之後，他重返成都，在中央軍校學習並擔任武術教官與政治指導員。南師的老學生王啟宗先生曾回憶道：

「幾乎已是半個世紀以前的事了。記得那時正值日本軍閥對我發動侵略，全國上下奮起抗戰，一般愛國青年無不熱血沸騰，紛紛投筆從戎，救亡圖存。當時我也投身軍旅，於役重慶，一日見報載：有一南姓青年，以甫弱冠之齡，壯志凌雲，豪情萬丈，不避蠻煙瘴雨之苦，躍馬西南邊陲，部勒戎卒，殫力墾殖，組訓地方，以鞏固國防。迄任務達成，遂悄然單騎返蜀，執教於中央軍校。」

在中央軍校期間，南師結識袁煥仙大居士而悟道，遂立志重續中國文化斷層，並離開了軍校。

歷經了艱難困苦的八年抗戰，人民迫切期待國家和平安定，想不到又要面對兩黨兩軍更大規模的內戰，南師憂心忡忡。一九四七年，他回到溫州樂清老家動員父母妻兒離開大陸，老父親不爲所動，反勸他趕快離開。於是，南師分別到杭州天竺和廬山天池寺清修。後到上海，期間曾奔波於南京與杭州兩地，搭救了被列入計畫殺害名單的巨贊和尙。

一九四八年，南師曾自行到臺灣考察。一九四九年二月底，他終於辭別不肯離鄉的雙親和妻兒，斷然隻身自行赴台。開始，他棲身在基隆海濱一陋巷，看到「二・二八」事件衝擊之後的臺灣，加之一九四九年開始的兩岸分治，社會動盪，人心惶惶。當時謀生困難，先與幾位朋友辦了一家「義利行」公司，從事琉球到舟山的貨運，開始賺了一筆錢。但好景不長，總經理因貪多，沒有聽從他的囑咐，導致損失價值一萬根金條，血本無歸。

南師一生就此次做了一回生意，不想時局動盪害他一夜之間破產，一段時間中靠典當過日子。但即使在這樣的困難時期，他仍灑脫超然，不爲困境所拘，並且不忘接濟鄰居。

在基隆期間，南師曾應詹阿仁先生等人請求，開講了多次禪修課程。

不久，南師離開基隆遷往臺北。鑒於胡適對虛雲老和尚的攻訐，以及鈴木大拙的禪學，南師親筆著作了《禪海蠡測》，並於一九五五年出版。六十年代初，臺灣中國文化學院聘請南師爲教授，接著，輔仁大學也邀請南師教授哲學、易經。南師講課厚積薄發，通俗生動，大受學生歡迎。「南懷瑾」三個字不脛而走，請他講課的學校和社會名流也越來越多。

一九七〇年代，南師先後創辦東西精華協會，創辦《人文世界》及《知見》等雜誌，成立老古文化事業公司，出版《論語別裁》等著作。

一九八〇年，南師受洗塵法師邀請，主持十方叢林書院教學。南師弘揚中華傳統文化，一步步有了更大的平臺，傳道授業擴大到更廣的範圍，走出學校，走向社會，桃李滿園，影響朝野，進入《周易》所說的「舉而措之天下之民」的階段。南師在台弘揚文化期間，不僅忘我地投入全部精神與財力，且不惜舉債辦教育，乃至爲培養人才，還供養部分出家在家的窮學生學習。

來聽南師課的人中，出家在家、三教九流、中外學生，從平民到軍政要人，南師一視同仁，有教無類。然而，當南師文化事業順利展開之際，政治風雲突變，因平日來聽課的高官重臣眾多，南師被視爲「新政學系領袖」。

一九八五年，年近古稀的南師，離開了居住三十六年的寶島，移址美國，避開了臺灣的複雜環境和人事糾紛。南師有詩記之：

不是乘風歸去也，只緣避跡出鄉邦。
江山故國情無限，始信尼山輸楚狂。

在美三年，南師不僅考察了美國，也考察了歐洲，同時加強了與大陸親朋的聯繫。他既瞭解大陸歷經「大躍進」和「文化大革命」帶來的重大苦難，也瞭解實施改革開放後百廢待興的困局與新貌。他不計政權交替之際，老父親被判無期徒刑瘐死監獄的宿怨，於一九八七年特派他的常隨弟子宏忍尼法師回國內考察宗教、寺廟、僧尼情況，又派在美國電話電報公司任職的弟子李慈雄博士，先帶世界銀行專案回大陸幫助經濟建設，後留上海投資辦企業，以在大陸傳播先進經營理念、方式和傳統文化。

一九八八年，南師毅然決定回師香港。在香港十五年期間，他講學不輟，隨緣度化的同時，曾受有關方面再三敦請，協調了兩岸信使的秘密談判，應邀投資建設金溫鐵路，動員了更多弟子學生到大陸投資辦企業，傳播他提出的「共產主義理想、社會主義福利、資本主義經營、中華文化精神」的理念。一九九三年，他到廈門南普陀寺舉辦了著名的「南禪七日」活動。他還推動一批又一批人回內地辦學校，注重在貧窮落後偏僻地區，推廣「中英算」兒童經典誦讀活動，大量資助內地大學、研究機構、文化部門培養人才等等。

二〇〇〇年，年屆八十三歲的南師力排眾議，作出回內地弘揚傳統文化的果斷決定，選址蘇州吳江七都廟港，籌建太湖大學堂。

二〇〇三年，南師到義烏雙林律苑舉辦了禪七。

二〇〇四年以後，南師大部分時間停留在上海，指揮太湖大學堂建設，期間仍講學不輟。二〇〇六年，費時六年的太湖大學堂順利落成啓用。八十九歲的南師，從此長期在太湖大學堂弘揚文化，直至仙逝。

參加過大學堂建設，後來一直跟隨南師身邊的馬宏達，講述了自己一段親身經歷說：太湖大學堂是南師一手籌畫、推動，從動意、設計、建設到開課、維繫，都是他老人家一馬當先，勇往直前，大家不過在後面跟著而已。從建築設計到裝潢設計，中外設計師的多個方案不能令他滿意，他就讓人買積木來自己動手搭建築模型，最終由建築師去畫圖落實，直到滿意爲止。

從整體宏觀風格，到內部裝潢，幾乎每一個細節，包括房間桌椅如何擺放，掛什麼字畫，直至大學堂一草一木、一磚一瓦，無不傾注南師的心血，無不體現南師融合東西方精華文化的理念。

馬宏達滿懷深情地說：大學堂開辦六年來，僅每天「人民公社」式的晚飯，耄耋之年的南師常常要應酬有緣來訪的客人，這些客人三教九流都有，並非傳言所說的「非富即貴」。南師有教無類，有緣能來見面的，他都慈悲平等相待，談笑風生，希望人家不會空來一回，希望對人家有啓發、有幫助。說是吃晚飯，其實南師都在照顧客人，答覆客人的問題，寓教育於談話中。

南師以自己的身教言傳，影響著有緣見面的所有人，藉以影響群倫，影響社會。晚飯後，南師一般都會上課，期間也常常答覆學人報告。送走客人後，處理內部外部事務，常常到凌晨。從午後到凌晨，每天至少十二個小時，南師幾乎馬不停蹄，應對各種事務，但卻寧定空靈，簡潔明瞭，乾脆俐落。偶爾有空就定一下，很快恢復精神。南師數十年如一日，沒有休假，不肯空過一天，沒有享清閒。以我們年輕人的體力，還遠跟不上他這麼大的工作量。他所做的一切，無不圍繞著「教化」這條主線。

你說他爲名嗎？他年輕即已成名，後來逃名還逃不掉，也從不宣傳自己或自己的書。人家給他跪下磕頭，他同時跪下磕頭還禮。你說他爲利嗎？他這些年講課什麼時候收過講課費？都是財與法雙手佈施。他也不接受供養，人家供養紅包，他把空的紅包留下，連說「收到了，收到了」，錢卻馬上換個紅包當場供養回去。他說勸人佈施如鈍刀割肉，沒見過有人佈施了以後「三輪體空」的，大家都是以做生意的動機來供養，所求的更多。

你說他爲政治資本嗎？他的確不是一般的清高，真的沒把任何勢力放在眼裏，當然也包括了官與財，常常見他跟這類客人講話直言不諱、毫不客氣。他對人是應機設教，有教無類，一視同仁。這麼大的年紀，那樣的只爭朝夕，傳道解惑，嘔心瀝血。古今中外，試問有誰見過或聽過這樣的長者、導師？給人說起，沒有人會相信的。

南師說「生於憂患」大家比較容易理解，為什麼說「死於憂患」呢？對這個問題，四十多年來，為南師整理了二十四種講記的劉雨虹老師（已九十二歲高齡）回答說：南師是大視野、大境界、大智慧的人。他以綜觀世界的眼光洞察到，近現代以來，西方從大規模全方位的殖民運動開始，到兩次世界大戰，到現代多領域的霸權主義行徑，其背後有著深遠的文化和種族因素，造成深刻的裂隙與衝突，將世界捲入強權勝公理、弱肉強食的叢林法則，將人類引入越來越深的危險境地。南師一九六九年從日本訪問回來，就為此深深憂慮，不僅為處於如此世界環境中的中國而深深憂慮，更為包括日本人民在內的全人類的未來深深憂慮。

八十年代中期，南師判斷此後中華民族有兩百年好運。但與此同時，他仍然深懷這種憂患意識。數十年來，他從成立東西精華協會，到推動東西方精華文化融合，都鑒於這樣的遠見，著眼於全人類的福祉，不斷為推動東西方精華文化融合共用而呼號、奔波、奉獻。可是，環顧當今世界和社會，國際政治道德被強權勝公理所取代，和平民主被霸權威脅所替代，人類的文明與道義被利益至上的價值觀所取代。人們為追逐物質財富而奔忙，為積攢金錢而迷失心靈，人的價值觀、道德觀衰變，各種欲望不斷膨脹，人文精神愈發失落，人與人關係疏離，人與自然疏離，人與自我疏離，善良人性被逐漸窒息。在越來越多的欲望中、越來越多的工具依賴和商品依賴中，人們自身的能力越來越脆弱；在越來越多的事務糾纏中、越來越快的變化中，人們越來越無奈，越來越被空虛、焦慮、煩躁、寂寞、孤獨和絕望所煎熬，越來越訴諸於怨天尤人。對此，南師的憂患不僅沒有減輕，甚至還在一步步加深。他有一首詩：「憂患千千結，山河寸寸心。謀身與謀國，誰解此中情；憂患千千結，慈悲片片雲。空王觀自在，相對不眠人。」另外，在南師的《狂言十二辭》結尾有兩句：「書空咄咄悲人我，弭劫無方喚奈何！」都表達了這種深深的憂患意識。

當代弘揚中華傳統文化的人們稱頌南師爲「國學大師」、「佛法泰斗」、「禪宗大師」、「道家高人」、「密宗上師」、「當代大隱」等等，這都只是南師學問修持、人生行止的不同側面，不足以概括他的全面素養、品格、地位和貢獻。他自己卻從不接受這些稱號，他常說自己「一無所成，一無是處」，自己永遠處於「學人」之位，甚至說「『南懷瑾』三個字與我無關」。自從二十六歲在峨眉山宏深誓願，南師就把弘揚傳統文化，接續中華民族文脈，作爲自己畢生努力的方向。「上下五千年，縱橫十萬里。經綸三大教，出入百家言。」這是國民黨四大元老之一李石曾先生，當年在臺灣贈送給南師的話，其中一句原本是「經綸五大教」，南師不受，後改爲「三大教」。南師正是以如此宏偉的目標和寬廣胸懷，從事一輩子文化傳播與人性教化的事業。

南師幼承庭訓，天資聰穎，十九歲以前廣泛涉獵經史子集，諸子百家，醫藥武藝，詩文皆精。二十五歲於袁煥仙先生處印證悟道之後，他深感傳統文化如果斷滅，中華民族將萬劫不復，比亡國還危險一萬倍。於是，南師二十六歲上峨眉山，爲取得寺廟支持他閉關閱藏，在一天夜裏，他當著僧眾（通永法師在內）發宏誓願——弘揚儒釋道諸子百家，接續中國文化斷層，爲此請普賢菩薩作證明：自己所證悟對否？剛才所作施食（與降服）方法對否？上峨眉山閉關閱大藏經，將來出來弘揚三教百家，接續中國文化斷層，對否？話音剛落，夜空下的山谷突然燦如白晝，並伴隨裂空之響，在場僧眾無不震撼！無不對南師宏深誓願讚嘆敬佩！

當時，南師嚴囑在場諸位務守秘密，否則必遭天譴。因爲，如果此事傳出去，南師要麼被偶像化，要麼被妖魔化，都不利於平實地弘揚文化事業，不利於大家反求諸己，自立自覺自強。今天，南師已逝，此事可公諸於世了。

此後，南師即於峨眉山大坪寺閉關三年，遍閱大藏經三藏十二部，佛法修持進入新的境界。出關下山後，他短期講學於雲南大學、四川大學，接著深入康藏地區參訪密宗大師。經白教貢嘎上師及黃教、紅教、花教陸續印證爲密宗上師。從此，一直到圓寂，首尾七十載，期間篳路藍縷，但南師獨立而不改，矢志而不渝。用他自己的話說，數十年來一直在各種困難與障礙的夾縫中，勉強做一點事。可以說，南師在中國歷史文化命若懸絲的關頭，不惜犧牲自己、犧牲家庭，苦心孤詣，下了一盤大棋。七十年，一盤棋！每一步，浸透了他多少心血與艱辛！這盤棋對歷史文化的深遠影響，必定歷久而彌新，歷久而爲更多人所理解。

一九六六年，南師受邀在臺灣海陸空三軍基地巡迴演講中國傳統文化。在台中空軍基地演講期間，蔣介石先生曾親蒞幕後聆聽，那次演講，南師特別強調亡國尙可復國，若民族文化亡掉，中華民族將萬劫不復！蔣先生深爲所動，並於當年十一月十二日發表《國父一百晉一誕辰暨中山樓落成紀念文》，發起中華文化復興運動，幾個月後正式成立中華文化復興運動推行委員會，邀請了大批學者參與其中（包括錢穆先生等等），爲保留中國傳統文化做了不少工作。當時蔣介石先生曾邀請南師主其事，被婉辭。南師一直說，在兩黨間，他只買票不入場。後來，九十年代初，王震將軍、鄧力群先生等牽頭的中國國史委員會，曾邀請南師任副主任委員，也被他謝絕了。

二十世紀八十年代後期，南師的著述在內地開始公開出版，並在此後持續影響著內地各界各階層人們，越來越多的人開始重新認識中國歷史文化，「國學」之風漸起。要知道，在中國，幾千年來知識分子與大眾脫節。知識分子講的話、寫的著作，往往困在學術與文雅，甚至困於教條，要普羅大眾聽懂很難。因而大眾雖生活在傳統文化的氛圍裏，卻不知傳統文化之寶貴，以至於在清末衰敗受侵略凌辱之際，誤信少數留學歸來的學者對中國傳統文化的醜化詆毀。

孔子說：「道不遠人，人之爲道而遠人，不可以爲道。」南師數十年來，一直主張道是天下的公道，最好要把道理學問講得深入淺出，最好連沒有文化的人都能聽懂。因而，他的著述大多深入淺出，洋溢著「道不遠人」的親和力與說服力，沒有酸澀死板的學究氣，而且旁徵博引，兼攝古今中外，浸透著極爲豐富的人生閱歷與經驗，因而被士農工學商各界各階層、從十幾歲到九十幾歲各年齡段讀者所廣泛喜愛。南師的書不做廣告，他本人也不接受媒體採訪，都是人們有緣讀了他的書，受益之後，以口碑自動傳揚。

綜觀南師一生，自覺以弘揚中國傳統文化爲己任，從大陸到臺灣，從臺灣到美國，從美國到香港，再從香港回大陸，一直苦心孤詣爲接續中華文化奔走呼號。他親自撰寫或由弟子整理他闡釋傳統文化的著述，回大陸前出版了三十種，在太湖大學堂六年，又整理出版了二十多種，總共出版五十餘種。有幾種還被翻譯成英、法、韓、日、荷蘭、西班牙、葡萄牙、義大利、羅馬尼亞等國文字在世界各國出版，影響廣泛。《禪海蠡測》、《論語別裁》、《孟子旁通》、《老子他說》、《原本大學微言》、《靜坐修道與長生不老》、《金剛經說什麼》等等著述在兩岸三地一版再版，很多種書的發行數都高達幾十萬冊以上。這些著述的共同特點，是以經解經，經史合參，旁徵博引，深入淺出，貫通古今，切中時弊。他不受傳統經典各家注解的局限，貫通上下原文以求獲得清晰義理，還將經典原文和同時代相關史料結合起來，並根據時代變遷，聯繫當今的人與事，貼近生活，實際幫助讀者理解原著思想，以達到古爲今用、經世致用的目的。

這樣，南師的著作就填平了古今文化隔閡的溝壑，填平了知識分子與大眾之間的鴻溝，成爲當代各界各階層瞭解傳統文化的橋梁，並且，對當代人做人做事也有實實在在的指導意義。

對於有些學者的批評、挑剔、指責，南師素來抱著有錯則改，有誣不辯，有歧義不爭論原則，坦然處之。他真誠地告訴讀者：

「讀了我的書，希望讀者們從此更上一層樓，探索固有文化的精華所在，千萬不要把我看作是什麼專家權威學者，也不要把我講的當做標準。我從來把自己歸入非正統主流，我只是一個好學而無所成就、一無是處的人。一切是非曲直，均由讀者自己去判斷。」

在太湖大學堂六年，南師公開授課五十多次，有數千中外學生當面聆聽過南師精彩紛呈的演講。演講內容涉及中國傳統文化與認知科學、生命科學，中國傳統文化與經濟管理、大眾傳播、金融監督，東西方文化與認知科學、生命科學，現代工商與人文，大會計，國學與中國文化，國學經典導讀，《黃帝內經》與中醫科學，當代教育問題，女子德慧修養，中學西學體用問題，新舊文化企業家反思，人性的真相，如何提高身心修養，人生的起點與終站，神通與特異功能問題，答問青壯年參禪者，如何學佛，釋讀《達摩多羅禪經》、《成唯識論》等佛學經典……真是綜羅萬象，無所不包，學識涵蓋儒釋道、禪淨密，融匯諸子百家、醫卜天文、西方文化，涉足社會各行業，教化男女老少、中西精英、三教九流。南師的每場演講，智慧通達，幽默風趣，率性真情，慈悲可愛，讓不同國籍、種族、黨派、職業、年齡、性別的各色人等，都有「一次聆聽、終身受用」的親切感受。

南師多次在講壇上、著作中，以及平日與友朋學生的言談裏，表達了對民族文化發展命運的深切關懷。更令人敬佩的是，南師身體力行，經常帶頭或帶領學生在智力、財力、人力等多方面，大力支持全國文化教育事業的發展。例如：支持希望工程；支持學生設立光華教育基金會；長期支持內地三十多所大學教育；支持廈門大學培養中醫人才；支持復旦大學新聞學院培養新聞人才；支持上海交通大學培養秘書人才；支持中國人民大學建設國學院；支持江西宜豐「東方禪文化園」建設，捐建八十餘尊羅漢雕塑；支持上海道生醫療科技公司與上海中醫藥大學合作開發中醫數位化「四診儀」的研發與應用。派古道師支持禪宗曹洞宗傳承，幫助培養人才，重建洞山祖庭，籌集首期捐款五千萬元人民幣。

二〇一〇年，中國國學中心籌備組、國務院參事室陳進玉主任一行，受國務委員、國務院秘書長馬凱先生委託，來請教南師如何籌備中國國學中心。接著，北京市國學中心籌備組、北京市團委副書記鄧亞萍一行，也來請教南師如何籌備北京市國學中心。南師都熱情接待，坦陳己見，給予指點。

同年，爲支持中華吟誦學會搶救中國民間吟誦文化，南師不僅給予指導，個人還捐助兩萬元人民幣。二〇一〇年以來，南師又聘請少林武功資深傳人來大學堂教學，弘揚《易筋經》文化；爲支持「未來中國助學聯盟」，南師題詞並推薦兩名講師。二〇一一年，與蘇州移動公司合作，開辦「中國文化學堂」手機課堂，做公益文化教育。二〇一二年，南師應中國人民大學請求，爲該校國學館題詞，鼓勵國學院師生「究天人之際，通古今之變」。同時，南師個人支持二〇一一年度「新法家」學術研究及網站運營經費，要求弟子支持二〇一二年度「新法家」學術研究及網站營運經費。

對近年來國內出現的優秀文藝作品、作家、藝術家，南師也非常鼓勵，例如他對《大秦帝國》作者孫皓暉先生、《濟公》主演游本昌先生、古琴家李祥霆先生、龔一先生、陳長林先生等等，曾當面給予其精神鼓勵或物質獎勵。值得一提的是，在南師九十五歲高齡之際，爲了滿足地方人民的願望，並藉以弘揚人文文化，敦化民風，他還親自關心指點吳江七都老太廟文化廣場的籌建，親筆爲「老太廟」、「吳泰伯」題名，還捐出十八畝土地用於老太廟文化廣場核心區建設，又派出國際知名建築師登琨豔先生，爲老太廟文化廣場做義務的建築設計。南師和太湖大學堂的同學們，還爲老太廟建設捐款三百五十萬餘元人民幣，其中一百萬元是南師的稿費，他說：這筆錢，是讀書人心血換來的乾淨錢，雖然不多，但也希望爲當地人民的福祉與文化建設，盡一份綿薄之力。

南師講學傳道幾十年，受教者、受益者無數。他的仙逝，等於上了他一生中最後一堂大課。短時間內牽動了億萬人的心，不光是中國公民，還有國際上的華人朋友和外國朋友。無數人在這堂課中，難過、反思、反省，甚至懺悔、發願，要改變自己，要做功德的，大有人在。看了《懷師》網頁的文章、留言，很感人，很讓人佩服。而這些文章、留言，絕大部分竟是沒有當面見過南師的人寫下的。由此可以看到，無數人都受到了南師的學問、道德、人格的教化、薰陶。

這靠的是什麼？靠所謂的學術嗎？靠推銷自己嗎？或者靠新聞媒體的宣傳嗎？都不是。那是南師潤物細無聲的教化，滋潤了人們的心田，不同程度地啓發了、感動了、改變了人們的內心，大家發自內心真誠地感念他。看了這些留言，這些文章，我們都會體會到南師畢生弘揚中華傳統文化，心血沒有白花，正在億萬人心中發酵，不斷發揮著改變時代與歷史的作用。

這裏有必要列舉兩個人，看南師教化的方法與力量。上海斯米克集團董事長李慈雄，在就讀臺灣大學電機系二年級時，感到現代物理學無法解決他心中對宇宙源起的困惑，就去找南師，願在他門下學習，從中國文化中尋求答案。南師看了看他說，你到我這裏聽課要交費的，李說我家境困難，勉強交了大學學費，沒有錢來這裏聽課。南師說，那你可以在我這裏打工。

李說我不知能否幹得了？南師說就是打掃廁所、擦地及倒茶待客這些雜事。李高興地說這我幹得了。南師問什麼時候開始幹？李說我現在就幹，他當場挽起袖子就做起來。南師微微頷首。

「當時老師很嚴格，會趴在馬桶旁邊看裏面有沒有刷乾淨。我洗刷的玻璃茶杯，他會拿到太陽光底下看，發現杯沿不淨處就要我再去洗。尤其是當我給客人倒茶，不小心灑水到茶杯外，南師當眾不客氣地說：看，這就是台大電機系的學生，茶都不會倒。我常常羞愧難當，下不了臺。」李慈雄今天感慨地對我說。而在幾年前，有次南師向我介紹李慈雄時，也說到同樣的內容。

南師說，我當時就想打掉台大學生自高自大的習氣，磨難磨難他，使他動心忍性，增益其所不能。持續半年的測試，未讓李慈雄打退堂鼓，南師才開始教他第一篇文章：《史記・貨殖列傳》。李慈雄說，我當時想學的是佛學，老師講《貨殖列傳》，開始感到迷惑不解，自己又不做生意，學這個幹啥?想不到十年後，我在美國史丹福大學拿了博士學位，到美國電話電報公司工作，一九八七年，老師突然叫我離開美國回大陸做生意。冥冥中，老師似乎在幾十年前就規劃了我今天的行止。

說起南師的教導，李慈雄永遠記得，自己在離開美國前往上海的時候，老師語重心長地說，世界上最厲害、最有效的東西就是誠實、信用，你去大陸就帶這個文化理念回去。這也成了斯米克集團在上海大獲成功的秘訣。二十世紀九十年代初，上海《解放日報》曾就「向斯米克學習什麼」專題，展開了一場持續一個月的大討論，實際上是傳播了南師的辦企業文化理念。日前，李慈雄說，他遵照南師意見，已在上海浦東新區建造了一座恒南書院，今年八月，南師叮囑他可以做弘揚東西精華文化的事業了。

提起融合東西精華文化，國外有許多專家學者十分仰慕南師，彼得・聖吉就是其中一個突出代表。他是美國麻省理工學院的教授，其專著《第五項修煉》曾轟動西方管理界，被譽爲現代管理學大師。中國近年來提倡的「學習型組織」、「學習型社會」的概念，就源自於彼得・聖吉。

十五年前，彼得・聖吉尋找到南師，請教如何進一步提升自己，南師教他堅持每天坐禪一小時，同時介紹《大學》、《中庸》、《管子》三部中國經典讓他修習，說其中包含人類最高的管理哲學和政治哲學，也是個人修養、立身處世的寶典。彼得・聖吉深受啓發，說真正找到了東方文化的老師。十五年來，他每年都來向南師求教，並多次率團隊來聆聽南師授課，也獲得了扎扎實實的收穫與成長。

南師辭世後，他特地從美國趕來大學堂，發願要把老師的學問和著述進一步傳到西方去，傳到世界去。他說中國文化對西方乃至全世界是很有幫助的，尤其這個時代和未來，世界充滿了危機，非常需要借鑒中國傳統文化諸多寶貴的思想與經驗。就拿管理學來說，如果只是寄託於規則和利益管理，而不是以各自的內心觀照和修養爲立足之本，就不是真正好的管理。彼得・聖吉在回國前向我表示，他回國後，要立即著手翻譯南師近年來的演講內容，包括《二十一世紀初的前言後語》上下冊、《原本大學微言》中的重要章節、段落，翻譯成英語等，出版小冊子，儘快送到美、英和歐洲主要國家的精英手中，從高級官員到專家學者，讓他們都能瞭解南師解決當前世界所面臨危機的高度東方智慧。這對世界政治、經濟、文化都會產生重要的影響。從彼得・聖吉身上，我深切感受到，南師嘔心瀝血的教化，已讓西方大師級專家學者充滿歷史責任感並實際行動起來，努力傳承南師關懷世界前景和人類未來的文化福音。這的確令人鼓舞！

南師二十六歲發宏誓願，到九十五歲圓寂，七十載春秋，七十年心血，畢生從事弘揚中華歷史文化事業，不求名，不爲利，苦口婆心，諄諄善誘，始終如一地完成了接續中國文化斷層的大願。

功莫大焉！德何劭矣！南師，不愧是當代弘揚中華傳統文化的先驅，不愧是「爲天地立心，爲生民立命，爲往聖繼絕學，爲萬世開太平」的劃時代宗匠！

知君兩件關心事，世上蒼生架上書

早在七十多年前，南師才二十歲出頭，四川一位患難知交錢吉先生就贈詩南師說：

俠骨柔情天付予，臨風玉樹立中衢。
知君兩件關心事，世上蒼生架上書。

確實，能概括南師一生行誼的，就是關心蒼生、關心文化兩件大事，這位南師早年的知交可謂有眼力，善識人。南師不忘當年恩德，五十多年後在美國多次派人、托人到四川打聽、尋找老友下落，後來得知老友在變亂中已故多年，南師不禁淚落，並賦詩感嘆：

蜀道初登一飯難，唯君母子護安康。
肯知蘇季非張儉，不信曾參是項梁。
徒使王陵有賢母，奈何維詰學空皇。
千金投水淮陰恨，今古酬恩枉斷腸！

幾十年來，人們評論南師視蒼生如子女，視子女如蒼生，這是南師的真實寫照，也是對友人詩吟最好的回應。南師終其一生，弘揚文化，有教無類，以出世的精神從事入世的事業，一切的一切，都是爲了蒼生。他心中裝的，筆下寫的，講壇講的，禪堂開示的，都是關於蒼生的冷暖、安危、覺迷與福祉。

例如從祖國統一大業來說，南師剛剛由美到港，賈亦斌先生、楊思德先生就代表北京登門拜訪，反覆敦請南師出面，協調兩岸和談。爲了國家民族大義，爲了兩岸蒼生福祉，南師只好出面，協調兩岸會談。一九九〇年底，在兩岸代表第一次會談中，南師即提出建議：

「我編一個劇本，你們審查。我建議成立一個中國政經重整振興委員會，包括兩岸兩黨或多黨派人士參加，修改歷來憲章，融合東西新舊百家思想，以及中華文化特色的社會主義的憲法、國號、年號問題，都可以在這個委員會內商量，成爲全中國人的國統會。這是上策。中策是大陸劃出從浙江溫州到福建泉州、漳州和廈門一塊地方，臺灣劃出金門馬祖，兩岸合起來搞一個經濟特區，吸收台港等地百年來的經濟工商經驗。有力出力，有錢出錢，做一個新中國的樣板。最重要的是爲國家建立南洋海軍強有力的基地，控制南沙及東沙群島，對東南亞——太平洋海域建立管制權力。下策是只對兩岸經濟、貿易、投資、通與不通的枝節問題商討解決辦法。大家談生意，交換煤炭石油。」

會談結束後，南師分別給兩岸領導人寫了一封信，表達自己及時抽身、樂觀其成的心願。信中說：

我本腐儒，平生惟細觀歷史哲學，多增感嘆。綜觀八十年來家國，十萬里地河山，前四十年中，如陰符經言，「人發殺機，天地翻覆」。後四十年來，「天發殺機，移星易宿」。及今時勢，吾輩均已老矣。對此劫運，應有總結經驗，瞻前顧後，作出一個嶄新好榜樣，為歷史劃一時代之特色，永垂法式，則為幸甚！但人智各有異同，見地各有長短，一言興邦，豈能望其必然，只盡人事以聽天命而已。我之一生，只求避世自修，讀書樂道了事，才不足以入世，智不足以應物，活到現在，已算萬幸的多餘。只望國家安定，天下太平，就無遺憾了。目前，你們已經接觸，希望能秉此好的開始，即有一好的終結。惟須鬆手放我一馬，不再事牽涉進去，或可留此餘年，多讀一些書，寫一些心得報告，留為將來做一點參考就好了。多蒙垂注關愛，寵賜暫領，容圖他日報謝。

兩岸領導人並未讓南師如願。雙方密使又陸陸續續在南師香港寓所會談了多次。其中，一九九一年春季，在兩岸代表第三次會談中，爲打破僵局，爭取機會，南師提出「和平共存，協商統一」八字方針作爲備忘錄，建議雙方代表簽署。南師的意思是，簽了，回去雙方領導人認可，就有法律效力；有一方不認可也沒關係，放在口袋裏，想用時就可以拿出來用。

這看似一句文學語言，但妙就妙在這裏。臺灣代表當時表示馬上可簽字，大陸代表因未有授權，不敢簽字，失去了這次機會。此後，很多情況逐漸變化，雙方雖會談多次而未獲進展。鑒於此，南師提議大陸方面增加汪道涵和許鳴真（即後任國安部長許永耀的父親）二人爲密使，參與會談，提升會談分量，增進會談效果。由此，促成海峽兩岸關係協會成立，汪道涵被江澤民主席委任爲會長。一年半後，即一九九二年六月十六日的一次會談，南師親自披掛上陣，爲兩岸密使親筆起草《和平共濟協商統一建議書》，一式兩份，交密使分別送達兩岸最高當局。建議書內容如下：

> 有關兩岸關係未來發展問題，適逢汪道涵先生、楊斯德先生、許鳴真先生等與蘇志誠先生等，先後在此相遇，廣泛暢談討論。鄙人所提基本原則三條認為：雙方即應迅速呈報最高領導批示認可，俾各委派代表詳商實施辦法。如蒙雙方最高領導採納，在近期內應請雙方指定相應專人商談，以期具體。如未蒙批示認可，此議作罷。基本原則三條：一、和平共濟，祥化宿怨；二、同心合作，發展經濟；三、協商國家民族統一大業。具建議人南懷瑾敬書。

此建議書由汪道涵直接送達江澤民等中央領導，獲得肯定。而臺灣方面由於蘇志誠深知李登輝意圖，竟私自將建議書壓下了，終因李登輝沒有回應而失之交臂。從此，南師退出兩岸密使的會談。後來，在汪道涵先生的努力下，本著在南師寓所會談的精神，兩岸密使又另闢管道，分別在珠海、澳門、北京等地密會多次，中共高層曾慶紅先生也介入會談。一九九二年十月廿八日至三十日，以汪道涵爲會長的海峽兩岸關係協會與以辜振甫爲董事長的海峽兩岸基金會，在香港舉行了成功的會談，雙方達成「兩岸均堅持一個中國的原則，各自以口頭聲明方式表述」的共識，這就是後來所謂的「九二共識」。這個共識一直成爲兩岸對話與談判的基礎。

一九九三年四月廿七日，備受矚目的第一次「汪辜會談」，終於在新加坡正式舉行，共同簽署了四項協議。雖然，協議只局限於民間性、經濟性、事務性、功能性的範圍，但它畢竟具有濃厚的歷史象徵意義，標誌著兩岸關係邁出歷史性的重要一步。

一九九五年春節前夕，中共中央總書記、國家主席江澤民就發展兩岸關係，推進祖國和平統一進程問題，發表了著名的八項主張，即「江八點」。汪道涵當即向江主席舉薦南師，並將我當時在一家雜誌上撰寫的介紹南師情況的《奇書、奇人、奇功》一文，推薦給江主席參閱。同時，汪道涵又代表江主席邀請南師回大陸，與江主席直接見面交談臺灣社情與推動兩岸關係方略。由於南師抱有傳統的「士大夫」氣節，對國共兩黨始終抱著「買票不入場」的態度，沒有得到江主席正式的書面邀請，終不爲所動。兩個多月後，南師到上海探望病危的老友許鳴真先生，期間應邀與汪道涵先生會面，用了四個多小時，向汪闡述臺灣歷史沿革，民心民意所在，臺灣政情黨情社情，強調文化統一領先。同時，南師也對大陸當局對台實行「文攻武嚇」政策提出了直言不諱的批評。

就在兩岸關係渡過危機、處於微妙階段的時候，一九九八年十月中旬，辜振甫先生應邀率領海基會代表團訪問上海和北京，與汪道涵再度聚首，並同江主席進行坦率交談，最後達成汪道涵應邀訪問臺灣等四項共識，使兩岸關係春意初現。恰在一九九八年十月下旬，我應臺灣「中央通訊社」的邀請，率領人民日報社新聞代表團訪問臺灣。汪道涵先生得知此事，殷殷囑咐我專程去拜會辜振甫先生，代他致意，並瞭解臺灣政界對剛達成的汪辜會晤四點共識的反應。同時要我返程途經香港時，前去拜會南師，聽取南師對兩岸關係的高見。到達臺北的第二天，我便拜訪了辜老先生，貫徹了汪先生的意圖。代表團從臺灣訪問歸來途經香港時，我特地去拜見南師，聽取他對「汪辜會晤」的反應。

這是我第一次去南師香港寓所拜訪神交已久的南師。當時，南師八十一歲高齡，精神矍鑠，稱我爲「南書房行走」來了。一語雙關，既說我是中央機關報主持言論的副總編，常跑中南海，又戲稱今天我是到「南懷瑾書房行走來了」。當我代汪先生向他致意，並問起他對「汪辜會晤」的看法時，南師不假思索，心直口快地說道：「現在兩岸都說好，我看不會有結果。『汪辜』閩南話是『黑鍋』，某人在臺灣名聲不好。而李登輝這個人你們都沒有看透。他在執政初期，權力基礎未穩，利用密使會談，緩和兩岸關係，取得大陸對臺灣地位的認可，得以騰出手來將李煥、郝柏村、林洋港等政敵消除掉，鞏固自己權力。現在，李登輝不同了，他會容忍汪道涵去臺灣講統一嗎？」

我一回到上海，汪先生馬上會見我，聽我彙報臺灣之行。汪道涵先生特別關注南師的反應，我當時隱諱「黑鍋」之說，只說南師不看好兩岸關係的改善，認爲汪訪台機會渺茫，李登輝已經發生變化了。果不其然，南師一語成讖。一九九九年七月，李登輝抛出「兩國論」，致使汪先生臺灣之行終成泡影。此後，汪辜兩老對隔海峽，咫尺天涯，無緣再見，抱憾終身。

所幸汪道涵先生最終見證了國共第三次合作的歷史性場面。二〇〇五年五月，汪先生強撐病體在錦江小禮堂會見了來訪的國民黨主席連戰，不久與世長辭。正在閉關中的南師，得知汪道涵先生辭世，遂在關中超度老友，並撰輓聯一幅：「海上鴻飛留爪印，域中寒盡望春宵。」

通過共同努力，台海兩岸關係協同破冰，三通恢復了，對話順暢了，寶島自由行的大門打開了，兩岸經貿關係、文化交流擴大了。南師十多年來關注兩岸關係的改善，推動祖國和平統一事業的心血，終於沒有白花，他生前所期望的「春宵」已經悄然到來。

兩岸談判的這樁事，只是南師數十年來隨緣所做的無數功德之一。南師在臺灣三十六年，在香港加上回到內地共二十四年，在美三年，期間有機緣能登門拜訪求教於他的各界精英無數，其中當然也包括不少政要。南師心無所求，一視同仁，有教無類，應機設教，但終極目標都指向一個——造福國家民族，造福天下蒼生。

二〇一二年一月十九日傍晚，我與太太前往太湖大學堂給南師拜年。南師一見到我就問：「看到近日汪洋的講話了嗎？他引用我著作裏的話給幹部講話，要求幹部不要做狗官，講得很厲害，是講給中央幹部聽嗎？」不一會，老師叫身邊的人給我送來一份香港文匯報網的新聞稿：《汪洋告誡幹部：做人官不做狗官》，標題真跳眼，很尖銳！原來是汪在中共廣東省第十屆委員會第十一次全委會閉幕會上的講話，談新形勢下如何加強領導班子的建設。

南師說，他引用的「毋意、毋必、毋固、毋我」，是孔子的話，我只做了解釋。他從文化入手，強調領導幹部提高個人修養，強化修身立德，要求幹部按傳統文化中的哲學思想做好新形勢下的領導工作，這很不簡單。尤其他提出「爲官一任」，負有「教化一方」的義務，這與時下一些人提的「爲官一任，造福一方」的口號相比，要高明很多。本來造福一方也不錯。但在許多幹部腦子裏，造福就是蓋高樓大廈，搞什麼噴水大廣場，搞一些形式主義的政績工程，因此就亂拆遷，浪費許多寶貴的土地、農地，結果不是造福，而是勞民傷財。教化一方就不同了，它有著豐富的文化內涵。當官的不但要關心老百姓的生產與生活，更重要的，是要倡禮治，行道德，敦教化，提高民眾的教育文化水準，還要提升整個地區的文明水準。這不比提高幾個百分點的GPD，蓋幾座高樓大廈更難嗎？所以，教化一方，體現了爲官的新的政績觀，也對幹部的文化素養提出了更高的要求。

接著，南師給我們談起與國共兩黨高層交往的往事。南師說，國共兩黨高層給他寫過親筆信的有三個人：蔣經國、李鵬、溫家寶。當時他並沒有展開談書信往來的內容。後來，我瞭解到，李鵬總理是一九九二年八月廿五日給南師寫信的，當時正處兩岸信使密談中。信中說久聞南師博學多識，無緣相見甚爲遺憾，希望南師繼續爲弘揚中華文化，推動海峽兩岸共同繁榮，實現祖國統一而努力。語辭甚是懇切。後來他的女兒經常來看望南師。

溫家寶總理是二〇一〇年十二月五日收到南師的贈書後，親筆給南師寫回信的。信中說先生學問甚廣，著作頗豐，特別是文學、史論、佛教造詣很深，掘蘊廣博，大有益於民族。表達了對南師的崇敬與問候，希望有機會來拜訪。南師在回信中，提出唐代道士宰相李泌，兼出世入世的修養，成功協調玄宗以來四五代皇帝，是處理政務的榜樣。據說溫總理收到南師的信，馬上讀給母親聽，並和家人研讀其中的涵義。溫總理寫給南師的第二封信，表達了面對艱難困苦，立志鞠躬盡瘁，不求名利，將來歸隱林泉修身養性的願望。

南師很久沒有回信，後來引用了兩首古詩作爲回信：「欲寄寒衣君不還，不寄寒衣君又寒。寄與不寄間，妾身千萬難。」「休洗紅，洗多紅色淡。不惜故縫衣，記得初按茜。人壽百年能幾何，後來新婦今爲婆。休洗紅，洗多紅在水。新紅裁作衣，舊紅翻作裏。回黃轉綠無定期，世事反覆君所知。」溫總理終於領會了老師的意思。

後來在另外一個場合，南師提起「休洗紅」古詩時，向我解釋說，中國還要共產黨領導，如果鬧起革命來，要死幾千萬人，不得了。所以，共產黨的紅不要去洗淡它。「後來新婦今爲婆」，共產黨領導人一代代更替，當年當新婦的，今天當婆婆了。「新紅裁作衣，舊紅翻作裏」，就像你當報社總編寫「皇甫平」文章時，是新紅啊，現在你退休了，變成「舊紅」，你再寫文章只能「翻作裏」了。現在天下在大變動，世界局勢起伏不定，「回黃轉綠無定期」呀，我們要有「世事反覆」這個精神準備。

二〇一二年三月十四日，溫家寶總理在全國人大閉幕後答中外記者問，影響很大。南師評價說：謙謙君子風度，不失讀書人本色，非常好，非常欽佩！聽到溫總理「欲世相忘」的話，南師念了辛稼軒兩句詞：「此身忘世真容易，欲世相忘卻大難。」溫總理後來聽說南師念了這兩句詞，笑了，說那也是當年南先生在臺灣時的心情寫照。南師又托人送辛稼軒的詩句給溫總理：「飯罷閒遊繞小溪，漫將往事細尋思。有時思到難思處，拍碎欄杆人不知。」南師說將來溫總理會有體會的。

南師經常用詩點撥一些領導人。有位中央領導遇到為難之事托人來請教，南師也是帶一首詩給他：「一山門作兩山門，兩寺原從一寺分。東澗水流西澗水，南山雲起北山雲。前臺花發後臺見，上界鐘聲下界聞。遙想吾師行道處，天香桂子落紛紛。」這位領導拿到詩，馬上去查出處，原是唐朝詩人白居易寫的，琢磨了半天，領悟了。南師說他處在好幾個夾層中，要把各方面的關係都處理好不容易。這是一門大學問噢！現在他處理好了，遊刃有餘了，就有主動權了。至於能不能更上一層樓，靠他的造化了。

二〇一二年「五一」，吳儀前副總理來太湖大學堂拜訪南師，這也是南師生前最後接待的一位中央領導人。吳儀先參觀太湖大學堂，十分讚賞南師弘揚傳統文化的舉措和貢獻。見到南師仙風道骨、身手敏捷，敬佩之情溢於言表。兩人一見如故，談笑風生。

南師一開頭幽默說，您的裸退太震動了，母儀天下喲，對高層刺激很大吧？南師又很快切入正題說，不過您還應當關心一下女子教育這個問題。一個女人影響三代人。和諧社會，女人責任至少占一半，而家和萬事興，女人占到三分之二。因爲家和，就是夫妻和、婆媳和嘛！南師談到大學堂有人辦女子德慧講習班，講「婦德、婦功、婦容、婦言」的新內容，參加的社會各界人士很踴躍，效果很好。吳儀聽了很感興趣，非常贊成加強對女子的教育。這時，有人招呼吃飯時間到了，吳儀馬上起身手牽著南師的手，一個七十五歲的前女副總理，一個九十五歲的精神矍鑠耄耋老人，兩人手牽著手迎著夕陽，一路談笑風生，沿著迴廊走向大學堂食堂。

在飯廳，吳儀見到南方科技大學朱清時校長，馬上熱情地迎過去握手說，你搞教育改革，我完全支持，要大膽地搞，不能後退。南師這時指著一位胖身材的學生向吳儀介紹說，他叫呂松濤，很了不起，辦中醫藥公司，研究成功數位化的四診儀，可以通過中醫「望聞問切」四診，對人身體健康狀況進行準確診斷。現在已運用到航太工程，對太空人進行身體測試，很成功，國際航太協會已在多國推薦使用四診儀。吳儀退下領導崗位後，對中醫藥感興趣，當時正在研究中醫藥問題。她一聽四診儀當然很感興趣，便向呂松濤詳細詢問儀器情況，當瞭解到四診儀能應對人的脈象一千多個變數，頗感驚訝。

南師說四診儀對於實現醫治未病之病，起著關鍵作用，如果全國推廣，可以解決看病難和看病貴兩大難題，造福於全國民眾。於是，南師與吳儀邊吃飯邊討論起醫療保健來，一致認為應中西醫並重，取長補短。基層以社區或鄉村全科醫生為主，利用現代中醫診斷數位化成果與現代傳播手段，實踐「上醫治未病」的預防醫療方針，處理小疾小患，並進行全民身心保健教育、全民健身運動，培養全民身心健康生活方式。如此必定大幅降低患病率，降低重大疾病患病率，大幅降低民眾和財政醫療負擔。在此基礎上，專科醫院和大醫院的壓力自然大幅降低，可進一步優化服務了。南師與吳儀兩位忘年交老人，他們一輩子關注國家與民族的利益，到晚年，兩人共同關心的，依然是天下蒼生的福祉！

歷史可以作證，太湖大學堂留下了他們的足跡和心聲，永遠不會消逝……

教育以成功做人為目的

二〇〇〇年，八十三歲的南師在考察了杭州、上海、蘇州等地以後，來到太湖之濱吳江廟港鎮，眼前赫然開闊，太湖一望無際，水邊林下長堤，正是讀書修行之地。南師為之動容，遂決定落腳廟港，建設太湖大學堂。歷經六年建設，大學堂終於在南師八十九歲那一年正式啓用。

十幾年前，南師親力親為，投資數千萬美元合資建設打通浙西南大通道的金溫鐵路，轟動一時，也開了股份制合資建設國內基礎設施的先河。鐵路通車時，南師作了一首詩：

鐵路已鋪成，心憂意未平。
世間須大道，何只羡車行。

南師功成身退，一分利益不沾，把鐵路股份全部「還路於民」。他畢生都在修一條人走的大道。「區區一條人間鐵路算什麼。現在這個地方，我是爲了繼續修一條『人道之路』。」二〇〇六年初夏，就在太湖大學堂啓動時，南師如是說。

從臺灣到美國，再到香港，南師一路奔波數十載，在弘揚傳統文化中深感人才的匱乏。而人才成長靠教育，中國百多年來新舊交替的教育，文化分科越分越細，爲求職應試而學習、爲知識專業而教學，離培養人的品德、心性越來越遠。南師對這一套教育理念、方法很不以爲然。

二〇〇六年七月，南師以「禪與生命科學認知科學」爲題，在太湖大學堂開辦了爲時一周的首期講習班，向來自國內外八十多位學生開講了最新的科學與禪學關係的話題。中國科技大學校長朱清時參加講習班後，深有體會說：「南師的教導讓我找到心的寧靜，使我不爲個人得失憂慮，一心去追求我所認爲的真理。」朱校長認識南師後，開始探索科學與禪學的關係，提出了「發現現代物理的主流學說，正如釋迦牟尼佛兩千年前所說的」。二〇〇九年，朱清時又在世界佛學論壇發表題爲《物理學步入禪境》的演講，爲此遭到一些人的抨擊，但他堅定地說：「一個徹底的科學家，到了一定程度，都會發現人的認識是有局限的，人類只是生物進化的一個階段。科學家要找辦法突破這種極限，首先必須提高大腦的感知和認識能力。而佛法能讓人在禪定狀態下，安靜地思考。這個狀態下，大腦成了超導體。」

許多同學聽了南師的課，都有類似朱校長這樣的啓悟。

數年前，王財貴博士在拜訪南師的時候，談起經典讀誦教育的實驗，南師大加讚賞並進一步做了完善，提倡「中英算一起來」的兒童基礎教育，也即對孩子實行東西方文化融合的經典與科技基礎教育，其內容包含：中文經典（以宋代以前的經典為主，是中國文化的基礎經典）、英文經典（西方文化的基本經典）、珠心算（數學是自然科學的基礎）。其方法是寓教於樂，潛移默化，每天只需抽出二十分鐘時間（時間多了孩子可能反感，而培養興趣是關鍵），大人帶著孩子一起大聲誦讀東西方經典，這些經典本身有著音韻美，因而誦讀時本身就是一種樂趣。不知不覺間，這些誦讀的內容，耳濡目染，就烙印般儲存在孩子們的心裏，等於給孩子從小儲備了無形的財富，面向未來，面向世界，爲融合東西方文化、融合人文與自然科學，造福人類，做了基礎教育的鋪墊。

南師鼓勵李素美、郭姮晏、宏忍尼法師等人，分別到內地推廣這種教育。逐漸的，兩岸三地多地推廣這種教育之後，無數孩子與家庭受益。但同時也發現了一個問題：這些孩子，記誦了很多別人不懂的東西，不少人開始驕傲起來，看不起人。甚至很多人以爲只要誦讀了經典，就一切都好了，也不需要接受現代教育，孩子會自動懂得做人做事了。也有的每天大段時間給孩子們做這個教育，把孩子們弄得很疲累，產生了反感。

面對兒童經典誦讀活動中出現的種種問題，南師在九十一歲高齡，下決心創辦了吳江太湖國際實驗學校，做小學教育的全面實驗。南師親自指導，李素美、郭姮晏母女具體操持，李傳洪借在臺北辦薇閣學校的經驗予以師資的贊助。教育所涉及的內容，可用三個「合一」來概括：文武合一、古今合一、中外合一。

二〇〇八年，吳江太湖國際實驗學校第一批招收廿九名學生，吃住學習都在學校。學生們每天六時三十分起床，練習武術半小時；早餐後，誦讀經典，像唱歌一樣，不求理解；午飯後散步，並安排靜定課程，那是按《大學》「知止而後有定，定而後能靜，靜而後能安，安而後能慮，慮而後能得」的原理，所安排的修身養性課程，具體有呼吸練習、靜坐、傳統養生操等內容。隨年級升高，還要學會採集食物、烹飪、野營、採中藥、野外自救等生活技能。學校採取「大帶小」的學長制，高年級學生做低年級學生的哥哥姐姐，哥哥帶弟弟，姐姐帶妹妹，同吃同寢，同學間親如手足。還規定孩童不許用手機、電腦，遠離網路世界，一心飽讀東西方經典。

根據南師的教育理念，這座國際實驗學校在知識教育同時，更重視生活教育、生存教育，培養孩童生活自理能力、與人相處能力、生存能力、學習能力、團隊精神、做人做事能力。平日學習，還涉獵東西方禮儀、風俗習慣、中醫藥、生物、傳統武功、現代運動、野外求生、食物製作、科學思維、建築設計、工藝美術書法、詩詞歌賦、戲曲音樂等等。這麼多的內容，卻編排得法，寓教於樂，幾年時間讓學生在沒有沉重精神負擔（也沒有考試）的情況下，快樂地學習和成長。這個學校，學生由開始的幾十名發展到現在的兩百名。教師則有五十餘人，由臺灣教師、大陸教師、外籍教師組成。這些教師很多是南師著作的愛好者，他們嘔心瀝血，做出了很多犧牲。他們日夜守護著、陪伴著、培養著孩子們。他們不是以職業的心態，而是以事業的心態，而有機會來做教師的。南師曾多次表示對這些教師的尊敬和感動。南師還經常親自示範為孩童上課。來拜訪南師的各界精英，有的臨時就給孩子們上一課，增廣了孩子們的閱歷見聞，提高了綜合素質培養效果，為孩子們的人生打下了全面成長的堅實基礎。

有家長擔心這些孩子畢業後，能不能與外面的體制接軌。事實證明，首屆廿九名畢業生，絕大多數以優異成績考入外界的理想初中，許多學生以個人優秀的綜合素質，被學校爭著錄取。南師給學生家長們也講了很多次課，談教育的問題與家教的重要。強調教育首重家教，家長是孩子第一個老師，也是一輩子的榜樣，家長的身教言傳，對孩子的薰陶影響至關重要。時下社會把教育完全寄託於學校的傾向，是嚴重錯誤的。

江蘇省、蘇州市、吳江市分管教育的領導，都來過這個小學考察，給予了高度評價。中央文明辦還請河南、山東、四川等地七個小學的校長，來觀摩學習交流教育經驗。

二〇一二年六月廿一日晚上，吳江太湖國際實驗學校舉行首屆畢業典禮的前夕，南師作了一小時「臨別贈言」的演講，這是南師生前最後一次演講，對學校實驗教育作了一個很好的總結：

吳江太湖國際實驗學校，「國際」是個名稱，就是要把國際的文化精華吸收過來。「實驗」什麼？因為不同意這一百多年來的小學大學的教育方法，我們主張文化教育要文的武的合一，要新的舊的合一。實驗的是這個。

你們學的重點之一就是生活的教育，什麼是生活教育啊？你們都很嬌貴的，嬌養慣了。尤其是父母的觀念錯誤，要想孩子們考好學校，將來出人頭地，換一句話就是家長們把自己一輩子做不到的願望，交給孩子身上去負擔，害了孩子們，這是我最反對的。你們到這裏以後呢，不同嘍！生活在一起，學會了怎麼樣吃飯，怎麼樣拿碗，怎麼樣拿筷子，怎麼樣吃菜，怎麼樣睡覺，怎麼樣自己洗衣服，怎麼晾好衣服，怎麼樣鋪被子，怎麼蓋被子，怎麼與人相處，怎麼處理事……聽說你們很晚了還有老師在旁邊陪你們睡，指導你們，這個是生活的教育，是教育的基本。你只學會作詩，會寫字，你功課怎麼好，我都不在乎你們。因為那個容易啊！但生活的教育難，可是你們做到了。這次到臺灣，臺灣的大人們，社會上的人們，對你們印象非常好，大家很欽佩。

不要以為拿什麼大學的文憑，有個博士學位的，那並不能算成功。你們要曉得，教育的目的是成功做一個人！你們把這些年的基本生活教育的精神帶到社會上，我可以斷定你們將來是頂天立地的人，與眾不同。只說哪個程度好一點，哪個會作詩、寫字，那當然是生活的技術，不是生活的本質。生活的本質一句話：做人。你們這樣出去做人，一定可以影響社會。千萬要記住我今天的話，你們不但是吳江太湖國際實驗學校畢業這一條資格，你還有一條資格，很難的，你說我當年還只有十一二歲六年級畢業，那個南老頭子九十五歲親自給我講過話，這個資格別人買不到的，只有你們有。記住不要給老頭子丟人哦！

我今天對你們臨別贈言，記住，你們將來是不是念名校，有沒有拿到碩士、博士，那都是虛的。怎麼做一個完整的了不起的人，怎麼做一番事業，對社會有貢獻，才是你們的目標，千萬要記住！

誰也不曾想到，這「臨別贈言」，竟成了南師對吳江太湖國際實驗學校師生們極爲珍貴的臨終贈言、永別贈言啊！

事師如師在，道業永相續

南師祭奠告別儀式的那天晚上，師從南師多年的趙海英博士一再叮囑我，要我在代表南師中外學生致辭時，一定要把「事師如師在，道業永相續」這層意思表達出來。我很理解也很珍惜海英博士這種心情，這也是我們所有學生在告別南師時的共同心願。

談到大家最關心的傳承問題，陪同南師度過人生最後八年多的馬宏達先生，說出了自己的看法：老師的學問是儒釋道三家，諸子百家都通的，不限於任何一家。我們暫且借用佛家來說，釋迦牟尼佛走了以後，最重要的是什麼東西？我認爲是佛經，就是經典，他一輩子智慧的結晶核心在於經典。他走後由五百羅漢來結集，然後留傳到後世。雖說佛像、寺廟、出家人或者在家的居士，也是重點，但是沒有那麼重要，一切都圍繞著經典。

其實，老師比釋迦牟尼幸運，因爲他在世的時候，自己可以主導，出版自己的講課紀錄，或者自寫的書。在老師走前，他的著述大部分已經集結出版完成了，只有一兩本他要出的書尚未出版，而尚未出版的這一兩本書，他已經親自審查完稿了，即將出版。

其中一本講《中庸》的，南師早已親自寫好稿子，準備放在最後出版的。這是比釋迦牟尼佛幸運的地方，同時也可以說是南師高明的地方。因爲提前集結了，而且經過他本人的認可，認定過了。佛經後來的結集，有好幾次爭議很多，因爲佛陀不在場，無法給予最權威的認定。這是講傳承的核心在經典著作，這是最重要的。

同時，對老師的課、老師的書，同樣適用「四依四不依原則」，也即「依法不依人，依義不依語，依智不依識，依了義不依不了義」，其實，讀任何書或文章、聽任何人講話或講課，都適用這個原則。這才是智慧之學，否則要麼變為盲從與迷信，要麼糾纏於細枝末節而不見全體。

馬宏達先生還談到，老師在世時，就有人當面提出來說，南門以後要如何發揚光大，南門弟子要如何傳承老師的學問。南師當場表示反對這些觀念。他一直強調，道是天下的公道。南師一生的學問，是來自於讀古今中外一切經典書籍，以及他一生的經歷，跟一切人從一切事中學到的東西，所以才能如此淵博，而且不困在書生氣上。如果困在門戶門派之見，那就太有限了。所以，南師數十年來弘揚文化，從不以自己是袁太老師門下大弟子或維摩精舍的名義來招搖。不僅如此，南師還引用過這樣一句觸目驚心的話：「佛教徒是釋迦牟尼佛的罪人，道士是老莊的罪人，儒生是孔孟的罪人。」

南師認為一旦設立了門戶，學生們一代代傳承下去，難免把自己的意思加在前人身上，或把前人神話、偶像化，難免曲解、誤解、歪曲、誤導，直至失敗。

再說，歷史上諸子百家的任何一個大家，自己說過要開一個宗派嗎？孔子說過「我是儒家」嗎？老子說過「我是道家」嗎？都沒有。那是後人加上去的。所有的聖賢，他們是海納百川，沒有門戶之見，所謂「君子不器」，沒有邊界的，這樣才能成其大。老師也沒有什麼「南門」「南學」等等觀念，這些觀念都太狹隘了。真正的聖人，他的胸懷，他的學問，是沒有邊際的；沒有設定門戶，也沒有設定學生和非學生的界限。天下人願意讀他的書的，願意接受他教化的，都是他的學生。他說一個人如果不尊師重道，那是混蛋。可是，如果把自己當做老師，那是自己昏了頭。聽到有人在外面以他的學生、弟子爲名招搖，老師反覆講他沒有一個學生。聽到有人在外聲稱是他的關門弟子，他聽了笑說自己從未開過門，何來關門弟子。老師對學生定的標準非常之高，可以說無人能及。同時，老師也非常謙虛，與大家都是朋友，他永遠不居於師位，而是永遠處於學人之位，向一切人學習，也聲明不要把他和他的學問當做標準。他說誰有心得，誰心裏清楚，不必搞形式上的師生這一套，這些俗套後患不少。我很贊同馬宏達先生傳達的南師這些看法。真心誠意要向南師學習的人，最好是誠誠懇懇效法南師「君子不器」、「自強不息」、「無我利他」的精神，認認真真學習領會南師的著作經典，切切實實按照南師的精神和品格去踐行修煉，老老實實遵照南師的教導做人做事！

當越來越多的人、一代又一代的人，不中斷點亮自己的心燈，共同努力修築著、維護著「人間大道」，我們彷彿看到南師那如中秋明月般飽含慈悲的微笑……

最後，我謹以一副輓聯作爲本文的結束：

世外高士，儒釋道，禪淨密，宏深誓願，聖績遠播，救度無邊眾生，堪稱當代維摩詰；

域中奇人，軍政經，教科文，篳路藍縷，甚多建樹，造福中華子孫，史載功德千秋業。

中國文化的生命科學

南懷瑾

（此稿由太湖大學堂郭姮晏老師提供，臺灣老古文化事業公司授權。由蘭溪根據南懷瑾先生生前講座資料整理而成。）

大家問到中國文化修身養性的問題。中國文化的儒、釋、道三家，有三句話需要瞭解的，那就是佛家講的「明心見性」，儒家叫的「存心養性」，道家說的「修心煉性」。實際上，這就是生命的大科學。

《大學》裏頭有幾句話，你們大概都會背吧?!「大學之道，在明明德，在親民，在止於至善。」這是大原則。中國自古的傳統文化，六歲入小學，十八歲已成爲成年人了，便進入大學。大學者，大人之學也。所謂大人，就是成年人的意思，成年人的第一課，先要認知生命心性的基本修養。所謂「明明德」，就是明白心性問題。這個「德」字，「德者得也」，得到生命本有的學問，這屬於內學，也叫「內聖之學」。

儒家所謂的「聖人」，在道家老莊的講法叫「真人」，你聽這個名稱就可以知道，一個人成年以後沒有真正修養心性，都是不夠成熟的，就不足以稱爲成年人。以「真人」這個名稱來說，必須要有真正心性的修養，認得那個生命根本。道家所說的「真人」就是神仙，超乎一般平庸的人。換句話說，沒有明白自己生命根源的心性以前，都是行屍走肉的凡人，也就是假像的人而已。「大學之道，在明明德」，是在說明「內聖」以後，才可以起大機大用之「外王」。這個「王」字，「王者用也」，上至帝王，下至販夫走卒，不過是職務的不同，其實都是啓動心性外用的行爲。所以，「在明明德，在親民，在止於至善」，這樣才是一個完成圓滿人格的人，也可以叫他是「聖人」或「真人」了。

修養的七個程序

那麼，怎麼修養呢？我背給你們聽，這裏頭有七個程序：「知止而後有定，定而後能靜，靜而後能安，安而後能慮，慮而後能得。」你看「知止而後有定」，第一個是知性的問題。「知」，就是每個人生來能知之自性的功用，學佛學道，成仙成佛，第一步也都先要知道「知止而後有定」。譬如我們大家現在坐在這裏，都知道自己坐在這裏嗎？這個能知之自性是什麼呢？這個能知之自性，不在腦裏頭，也不在身上，是與身心內外都相通的。但現在西方醫學與科學，都認爲能知之自性是生理的、唯物的，歸之於腦的作用，其實，腦不過是身識的一個總匯。這個問題要詳細研究，是很深刻、很廣泛的，不是一兩個鐘頭能講得清楚的。我們中國文化講本體是心物一元的，知性不在腦，是通過腦而起作用，這個要特別注意。

再說我們的思想、身體要怎麼定呢？平常人的知性，是跳躍、散亂、昏昧不定的，但是又必須要以知性的寧靜、清明，把散亂、昏昧去掉，專一在清明的境界上，這才叫做「知止」。知止了以後再進一層才是定。佛教進來中國以後，把大小乘修行的一個要點叫「禪定」。「禪」是梵文的譯音，「定」是借用《大學》「知止而後有定」這個「定」字來的。

這個「知止而後有定」的境界，漸漸會進入一種安詳、靜謐的狀態，這叫做「靜」。到了靜的境界以後，再復進入非常安寧、舒適、輕靈的境界，這叫做「安」；借用佛學的一個特別的名詞，叫它是「輕安」。再由輕安、清明，到不散亂、不昏昧，非常接近潔淨的境界，就會發起「不勉而中，不思而得」的慧力，這叫做「慮」。

這個「慮」的意思，不是思想考慮的慮，是在定靜安適的境界裏，自性產生的智慧功能，不同於平常散亂、昏昧的思想，它是上面所說的「不勉而中，不思而得」的智慧境界。這兩句名言出自曾子的學生子思所著的《中庸》，就是對於「安而後能慮」的詮釋。我們現在借用佛學的名詞來說明這個「慮」字的內涵，就是「般若」的境界，中文可翻譯爲慧智。它不同於一般的聰明，我們現在用的思想學問都是聰明所生，不是慧智，慧智跟聰明大有差別。透過這個慧智，然後徹底明白生命自性的根源，在《大學》就叫做「慮而後能得」。得個什麼？得個生命本有智慧功能的大機大用，這才叫做「明明德」。

換句話說，我們這個生命，思想像陀螺一樣在轉，佛法告訴我們，一個人一剎那之間，思想有九百六十轉，這是生命中認知的大科學。比方我們寫一篇文章，或寫一個字，那裏頭不知有多少思想在轉動啊！你給情人寫一封信，「親愛的，我愛你……」這一念之間的思想情緒已經從國外轉起，轉到中國了。人們談情也好，講話也好，思想轉動得很厲害，極不穩定。注意哦！比如我們說一個「現在」，這句話是一個思想，是一個念頭在動，這是「想」不是「思」。當說個「現在」，裏頭早已經想到下面要說的另一句話，不止幾百轉了，這是很微細的「思」的作用。因此，要隨時知止，把它定在那裏，像陀螺一樣雖在轉動，其實陀螺中心點都在本位。所以說「知止而後有定」，這是第一步啊！

「定而後能靜」，什麼叫靜？這裏頭牽涉到物理科學。宇宙的功能究竟是動還是靜，這是個大問題。世界上萬物的生命沒有真正的靜止，生理、物理的世界都在動。輕度的動，慢慢的動，看起來是安靜的，這是假的靜，不是真的靜。譬如地震，本來地球內部都在變動，不過現在因爲地球內部的物理變化，地和風（氣）、水、火中間起大衝突，有大的震動，我們才明顯感覺到震動。其實有很多的震動，我們是感覺不到的，而有些其他的生物，反而比我們更能感受得到。

如何才能做到「靜而後能安，安而後能慮，慮而後能得」呢？最重要的就是要能「知止」，真正認知一個能使它安靜下來的作用，才能做到所謂的大靜、大定了，那就要牽涉到哲學上的本體論，現在只能大略帶過。所以，大學之道講「修身、齊家、治國、平天下」，首先須從知、止、定、靜、安、慮、得的內聖的靜養開始，這是中國幾千年以來的教化的傳統。

靜養很重要的方式是靜坐。靜坐不一定要盤坐，但盤腿靜坐很重要。你看隋唐以前塑的佛像三圍標準，一定是兩腿盤好，屁股是稍向後凸，細腰身，坐得很端正，這叫「七支坐法」。中國的佛像有些是大肚子的，那是宋朝以後塑的，比較不合標準。關於靜坐的姿勢，可以看我講過的《靜坐修道與長生不老》。

靜坐的外形很多，你們初學坐不一定要學七支坐法，你們就在籐椅上這樣坐著，兩腿放正，兩手放腿上面，這是儒家的坐姿，叫做「端容正坐」。你看古人坐在木椅子上，一定是端容正坐的姿態。我們六七歲讀的《千字文》，有「形端表正」四個字，形體很端正，不是要挺胸，是腰要正直。腰是生命的根本，練武功打少林拳、太極拳，重要是腰力。我們生命上下兩個部分，就是在腰這裏轉折，腰正身體就正。你看我們很多同學還沒有到中年耶！坐下來身體歪七扭八、彎腰駝背，不然就覺得難過，像這樣的話，健康早就出了問題。你看以前滿清宮廷的教育，還有蒙古、西藏一帶有些地方，他們從小的教育，很注重要坐得端正。中國文化傳統習慣是不坐軟床椅的，坐軟的床椅脊椎容易變形，變形就容易生病，所以，現在的沙發床、沙發椅非常害人，像我從小到現在睡的都是硬板的床。

南公懷瑾師逝世經過

劉雨虹

（劉雨虹，臺灣老古出版社總編輯）

老師為什麼去醫院

多日來，常常聽到一些不實的傳言，有關南老師走前的一些情況。老師生前曾多次說過，他是不會進醫院的，去年（二〇一二年）八月身體欠安時，也說過不去醫院。

八月下旬有一天，沙彌（郭姮晏）特別請了一個著名醫院的醫師，來給老師看診。這醫師建議老師去醫院先作檢查，老師也沒有同意，因爲老師始終是自療，吃的是科學中藥（成藥）。

關於這方面，宏忍師最清楚、最瞭解，因爲她畢業自廈門大學中醫學院，在多年隨侍南師的歲月中，也跟老師繼續學習有關醫理各方面。

南師去年八月中旬閉門休養，八月廿七日起也不再到辦公室了，有重要事務則上樓請示。不久，南小舜（南師之次子）及南國熙（南師之四子）分別從溫州、香港前來探視，老師仍表示不去醫院就診。

八月廿八日，陳照鳳（南師在臺灣的學生）從臺灣前來，幫忙照應老師。接著在上海幫助照料老師的阿姨，也來協同永會師、宏忍師等照護老師的工作。

九月十四日這天，宏忍師值班照料，到了中午時分，老師咳嗽不止，很久很久，情況未見緩解，宏忍師侍奉在旁，問道：「老師，要不要改變方式，到醫院去？」

老師說：「好吧！你要通知大家。」宏忍師馬上聯絡李素美、沙彌、馬宏達，以及南家兄弟們等，立刻安排救護車前往上海的醫院。

老師對沙彌說：「你去拿那個箱子，裏面有三十萬元，你收著。」沙彌說不要，當時照鳳和宏忍師都在場。老師說：「你拿去。」沙彌才去拿。動身前，老師說：「此時要借用一下西醫了。」

在救護車中陪同的，是李素美、何碧默（國熙妻子）、沙彌和宏忍師四人。另車前行的是許江和郭彧嘉（沙彌弟）坐的車子，牟煉駕車隨救護車之後。馬宏達於訪客走後，即趕赴醫院。

老師爲什麼答應到醫院去呢？自從老師不適，多日來，病況反覆，服藥也並未見好轉，按照老師平日不願麻煩人的作風，眼見多日來同學們的辛勞和不安，只有前往醫院，才能改變困境，解除同學們的重任。

這是大家心中的猜度，因爲老師永遠是先想到別人的處境。所以，老師最後終於選擇了住進醫院，不是爲自己，而是爲了減少照應他的學生們身心的負擔和勞累。

醫院中的五天

送老師去醫院的救護車，在十四日下午四點多鐘出發，路上曾略有阻塞，到達醫院時已經是六點多鐘了。

醫院先給老師做了初步的檢查，心電圖、血壓……然後才進入病房。醫生立即開的藥是：消炎、化痰、利尿。

老師服藥後不久，咳嗽減輕了，小便了幾次，老師還開玩笑地說：到上海來，就撒了三泡尿！

當晚是宏忍師和小君守夜，照顧老師。

次日（十五日）上午九時，老師的兒子南國熙夫婦趕來了，南國熙還對老師說：鳩摩羅什也害病啊，而且病了很久。老師聽了微笑，輕輕拍了拍國熙的頭。

由於來照應的人太多，不能都在病房中，醫院很周到，特別撥了一間辦公室給大家作為輪值休息的地方。

老師的二兒子南小舜也趕來了，老師忽然對他們說：我對不起你們，兩人聽到就哭了，因為九月九日的時候，老師也對兒子們說過一次對不起他們。小舜和國熙說：爸，不要這樣說，都過去了。旁邊有幾個同學也掉下了眼淚，深知老師多年來公而忘私，不能不疏離家屬，甚至國熙每來大學堂看父親時，照樣也要繳住宿費的。

看到老師的病況好轉，大家都安心了，以為沒有問題了，李傳洪就回台辦事，南國熙感冒怕傳染，夫婦二人便回香港去了。

十六日上午，老師還與大家閒談，並囑咐沙彌快回去照看實驗小學。到了傍晚，老師又開始不太舒服。

十七日上午，老師喉嚨不暢，南家兄弟家人和許多同學又都回來了，馬有慧、彭嘉恒夫婦也趕來了。馬有慧給老師背部按摩後，老師覺得舒順些，又請宏忍師拍打背部，促使積痰吐出。

醫生來了說，傳統吃藥療法，如未能治癒，必須做進一步檢查，找出病源，才能判斷正確，徹底治療。老師於是同意，於下午三點半做了ＣＴ（Computed Tomography，即電腦斷層掃描）。當晚，醫院又安排了肺科專家會診，醫生們都表示，要待次日看到ＣＴ報告，才能確定。

第二天（十八日）上午，ＣＴ檢測報告出來了，顯示老師肺部有真菌感染，另有一小處有些陰影，如要明確，必須再做進一步複雜的檢查，那是很痛苦的。

下午兩點多時，醫生過來了，認為老師一來年事已高，二來太瘦，所以，不建議再做這樣複雜的檢查，也擔心檢查過程中，萬一有意外反而不好，故而對老師說：我們的能力到此爲止了。馬宏達接著說：老師，接下來要靠您自己了。

老師聽到後，立即寫下：明白！好！

幾天來，老師躺下的時候少，多數時間是坐著的，但不一定盤腿。此時聽了醫生所說，也表達了自己的瞭解後，開始活動頸部、腰椎，半小時後再一次活動，經過兩三次之後，即穩坐不動，像他平日打坐那樣。

直到傍晚，守護的宏忍師父等人在旁，看到老師仍然坐得很安詳，一夜在氣定神凝中度過。

十九日晨六點四十分，在旁的宏忍師等，忽然聽到老師身體中有一個戛然而止的聲音（像開關突然關了一樣的聲音），發現老師鼻息沒有了，脈搏也極微弱，近乎沒有了。於是，立刻通知醫生，心電圖檢查顯示出來的是直線，間隔很久才突起一點點的狀態。這時在旁邊的，有宏忍師、小牟、小君和護工，以及當夜在休息室值班的小崔和小許。

不到十分鐘，國熙夫婦來了，此後南宋釧、南小舜、李素美、沙彌、阿嘉、馬宏達、謝福枝、馬有慧夫婦、小烏等，得到消息陸續都來了（來的人還有不少，無法細說）。

醫生和南小舜（中醫）都看了老師的瞳孔，並未放大。於是，大家共同商議，決定下午兩點送老師回大學堂，謝福枝立即回大學堂安排接應。

兩小時後，南小舜再驗老師的眼睛，瞳孔不但並未放大，而且，臉頰華潤。

回去所乘坐的不是救護車，是大學堂三排座椅的車子，由小許駕駛，沙彌坐在副駕駛位，第三排座位是馬宏達和王洪欣（學校拳術老師）二人，在他們腿上鋪放軟墊，南老師躺著，周圍用軟枕墊著。

第二排座位向後轉，與第三排相對，上面坐了四個人：阿嘉、小牟、小烏和馬有慧，他們面對著老師隨侍。就這樣，於十九日下午兩點多動身，四點多鐘就回到了太湖大學堂。

老師在醫院五天期間，病房中廿四小時輪流守護的人有：宏忍師、照鳳、小烏、小牟、小君、南榮榮和那位護工，還有馬有慧、何碧默。

最後的時光

老師回到大學堂後，即放躺在他臥室的床上。臥室外一間是書房，書房外是醫藥室，室門通走廊樓梯，是老師出入之門。

十九日當晚開始，護持老師的有三人，各在一間屋中，每天兩班輪值，共六人。參加護持的人共有二十餘位，有人輪值多次，有人只有一次不等。

次日，南家兄弟家人前來，講到老師有關的許多事項，這是重大的事，當即請來李素美、李傳洪姐弟，還有馬宏達、李慈雄、呂松濤、謝福枝等，大家共同商議，先組成七人護持小組（宏忍師、素美、南一鵬、宏達、慈雄、松濤，我為召集人）。

小組每日晚飯後在主樓會議室聚會，先由宏忍師報告老師情況。實際上聚會時大家都可以參加，都可以發言，並不限這七個人。

當宏忍師報告老師的情況一切平靜如常時，大家卻有不同的意見：

有些人認爲，十九日上午，醫生已宣告「不建議作進一步檢驗」，而且心跳、呼吸和脈搏也沒有了，說明老師已經過世，現在應該處理後事。

另有一些人認爲，在醫生宣布放棄後兩小時，老師的瞳孔也並未放大，況且，氣住脈停本來是禪定的現象，七十年代，老師在臺灣也曾由醫生測試過；當老師進入禪定時，也是氣住脈停，心電圖上呈現一條直線，當時把醫生嚇壞了，以爲老師休克死去了（《禪門內外》一書中曾記述此事）。所以，認爲現在的老師是入定狀態，不是死。

大家爭論了一陣，結論是發佈消息，老師在禪定中。這是根據守護同學報告的，老師看起來仍像平常一樣。

連續幾天，情況困擾著每個人，老師仍然平靜地躺在那裏。直到廿八日的傍晚，從香港來了兩位醫師：林德深醫師和他的太太李丹醫師。

林醫師是國際知名的遺傳醫學專家，李醫師是神經科專家，他們二位醫師在醫院服務，都有很多臨床經驗。過去他們也常來拜望老師，探究生命的各種問題。

廿八日晚，二位醫師在主樓會議室與大家見面，他們先說了基本的醫學常識，並講解西方醫學對死亡的定義。

初期是當生命現象沒有時（呼吸停、心跳停、瞳孔散大），就認定爲死亡。後來因器官移植的需要，再加上一個腦波停，才算死亡。

不過亦有報導，有人在被裁定死亡之後，又恢復生命跡象。所以，以往醫院所認定的，沒有生命現象就算死亡，絕對是有問題的。據西方研究發現，美國在一年內就這樣被誤判爲死亡的，有七千人之多。所以，在西方的醫學界，對生命終結的判定，越來越複雜困難了。

二位醫生說，目前針對南老師究竟是處於禪定還是死亡的情況判斷，應該分成兩步：第一步：檢查是否有生命現象，如果沒有生命現象時，必須再作第二步：檢查是否有死亡現象，二者具備才算死亡。

所以，根據二位醫師的闡釋：南老師沒有生命的現象，不能就判定爲死亡。由此來看，老師十九日離開醫院時，絕對不是「已死」。廿九日上午十點半左右，兩位醫師帶著醫院借來的儀器，去給老師作檢測，陪同去的有南國熙、南小舜、宏忍師，一共五人。詳細檢查之後，直到下午一點多鐘才完畢。醫生們根據各項檢查資料，仔細研判，然後，林醫生在主樓小組會議上宣布：「南老師已經沒有生命的跡象，部分身體已出現死亡跡象，身體不可再用了。」

當林醫師講到這裏時，忍不住忽然大哭，不少人也一同落淚……

下午四時左右，本地的法醫確認了老師的死亡診斷。於是晚飯後，小組代表在餐廳對大家正式宣布老師死亡的訊息。忍住悲痛後商定，於三十日晚火化遺體，那是中秋月明之夜，就在太湖大學堂院中舉行。

老師的大事

古道師對於辦理道人身後荼毗事有很多經驗，此次老師的大事也由他操持，謝福枝協同安排一切。

火化共用兩千斤木柴，這些木柴原是大學堂院中的樹木，八月八日那天的颱風，吹倒了約有一百棵樹，其中還有一棵老師家窗外的巨大銀杏樹。這些樹還來不及處理，倒在院中，到了九月底已吹曬乾了，就陪老師一起走了。

當日送葬仍依古禮，晚六時三刻開始，老師的兒孫多人扶棺，由僧尼前導，隨棺前行的是家屬、親友、學生、大眾等，一路本師釋迦牟尼佛聲響徹庭院。

遺體封爐後，宗性師帶領舉行佛教祭拜儀式，再由各方代表致辭後，於八時舉火。大眾隨即跪拜念誦迴向至深夜。以後的幾天，日夜都有同學自動守爐。

十月五日晨四時半，舉行開爐大事，大家心情五味雜陳，都很緊張。開爐後，但見棺下所墊的三毫米鋼板已經扭曲，再檢視遺骨，赫然看到老師頭骨依然完整，宗性師和古道師都說甚爲罕見。

其他舍利也有，形狀不一，全部密封裝罈，寄存穩妥，沒有任何外流。

老師早就多次說過，不願留下什麼遺骨舍利。二〇〇六年，老師曾有一信給峨嵋山通永老和尚，特別說明此事。因爲早年佛法爲得大眾信心，很重視此事，現在已無必要，反而可能引發人的迷信，更可能引起爭奪之風。

但不知爲什麼，老師的遺骨竟然被保存下來，大概是事態演變的自然結果吧，這也就是天下事。

再說老師的逝去，醫生所說「部分身體已出現死亡跡象」，顯然是一兩天前才開始的，如果是早幾日逝去，死亡現象絕不會是「部分身體」，而應該是多處或者全身。

那麼問題來了，老師從十九日到廿七日的狀況，到底應該如何解釋呢？

按照張尚德教授六月廿六日在達摩網站所說的，老師「捨報，呼吸停止前，身內像電開關一樣，喀嚓一聲，停止呼吸」，他認爲十九日晨，老師是捨報去世了。

按照另一個網友所說，喀嚓一聲，那是入禪定現象。再根據兩位醫師的闡釋，十九日老師離開醫院時，絕對不是「已死」。照顧老師的同學弟子們，無人敢作任何判定，只能小心觀察照顧。老師一生致力於文化的傳續，從事生命科學的研究和實證。生命到底是怎麼一回事？留給後人的仍是一大課題，要從科學的立場來證實，不能迷信。

自從老師閉門謝客直到最後，我未曾看過老師，也未到醫院去過，因爲年紀大，幫不了忙，反而會使別人擔心。

但我隨時隨地都在關注，都有消息，在我寫這幾篇報導時，也再與多數在場者求證無誤。

另外，當時參與隨侍老師左右的人，對各事都有記載，也有錄音，更有照片。

不過，人生自古誰無死，生老病死誰也免不了，至於如何生如何死，也是各有因緣，他人雖有心幫忙，恐怕也是無能爲力的。

送葬回來

西方有句諺語：「送葬回來才是悲傷的開始。」因爲忽然發覺，心中最重要的人，真的走了，再也見不到了。

更何況，那個再也見不到的人，是自己生命中的一盞燈，照亮自己前行的路；更是自己生命中的倚柱，支撐著自己脆弱迷茫的心靈……

可是，燈忽然熄了，柱子也倒了，刹那間天地變色，哀鴻遍野……

二〇一二年春的一天，看見老師進入辦公室，我就說了一聲：「老師好！」豈知老師立刻回答一句：「不好！」我正要再問一聲爲什麼時，老師卻說：「昨天夜裏太難過了，當時我就想走掉了。」

我立刻說：「老師你不要這樣……」話還沒說完，老師又很嚴肅地說：「我給你說的是真話，太難過了。」

我愣在那裏，無話可說。當時在辦公室裏還有好幾個人，都聽到了。**（我相信老師要走，立刻能走掉的。）**

同樣的話，幾個月後又有一次，老師又說：「昨天夜裏就想走掉了。」這種話聽到大家耳朵裏，有千斤之重，萬斤之重……

但是老師兩次都沒有走，工作更勤奮了。

「燃燒自己，照亮別人」這句話，好像正是描寫老師的一生。早年老師常說：「只能在不得已的情況下，勉強做一點事。」當時聽到覺得那只是一句沒什麼意義的話，是隨便說說的。幾十年過去了，所看到的，老師的辛勞和無奈，豈有任何言語文字能描述萬一！

回想一九七〇年成立東西精華協會時，那種複雜和困難，甚至連朋友之中都有人誤解並且反對的。

老師另一句常說的話是：「明知不是伴，情急且相隨。」老師一生爲文化的傳承努力奮鬥，爲了這個遠大的目標，常常不得不與「非我族類」合作（**七十年代已經有不少同學目睹過這種事，當時我也不能諒解**），代價多麼大啊，只有自己承當。

有一天，在太湖大學堂，有人向老師稟報做事的種種人爲障礙，老師叫他忍讓，最後老師說了一句：「我都能忍，你有什麼不能忍的！」（這是忍辱波羅蜜嗎？）

培養自己悲天憫人的胸懷，原諒他人的無禮，忍耐別人的愚昧，憐恤他人的無知，更要反省自己的貪嗔癡，這不就是老師的教化嗎？

身歸何處

講到老師最終的種種事，引起很多朋友們發表高見，或由情而說，或由理而言，有的觀點在細微處，有的觀點在廣闊處，立場各不相同，見解各有高下，或片面，或全面，雖稍見爭端，終不失君子之風，令人受益良多。難怪孔聖人說：「三人行必有吾師焉。」高人之後有更高的人。

這不免使我想起老師常說的一句話：學佛是要學解脫。大概做人也要知道解脫，不要被自己的見解困住，變成我執。記得九十年代初，爲了老師的書在大陸印行簡體字版，我常去北京。有一天，我與北京佛教文化研究所的李家振先生一同前往潭柘寺（古話說：先有潭柘寺，後有北京城）。

由於佛研所租了潭柘寺一處院落，老師得知後，囑我也在該寺租一個地方。

當時老師在香港，未來行止未定，大概是以備日後之需，所以想租寺中一處地方。也因為聽說清朝的康熙和雍正二帝常到那裏小住修行，所以那個古寺頗不尋常。

豈知老師又說：「最好全部租下來。」我大吃一驚，立刻對老師說：「這個潭柘寺太大了，租下來怎麼辦？」於是，老師說了一番話，意思是，潭柘寺背後山巒之處有不少山洞，將來他要住進去，死的時候就自己死，病痛喊叫也好，反正無人聽到，就這樣不知所終……

老師的一番話，令人忽然明白一點，什麼叫解脫，什麼是瀟灑。老師的願望是不麻煩任何人，死後也不留下任何身體遺跡，以免造成後人是非口舌之爭，遺物舍利之爭，更免除建塔建紀念館之耗費，順便也減少人們貪心爭奪的惡業。反正「不知所終」就不會有什麼爭奪了。所以，「老子西去不知所終」的歷史，說明老子真的了不起。大概那時老子的「粉絲」不多。偉哉！老子。

寫到這裏，又想到大約三十年前有一次，老師與幾個同學正在閒話，說到彌勒菩薩未來龍華會的事。當即有個山東同學王征士（《懷師》一書中有他的報告）說：「老師，將來我們在龍華會上再見。」但老師的回答卻語驚四座，他說：「我跟你們不會在龍華會上相見……」同學們聽得正目瞪口呆之際，又聽老師接著說：「因為我早已發願，生生世世要來度眾生。」話剛說完，只見一個同學已經流下了眼淚。老師要生生世世來這個世界，幫助我們這些愚癡的眾生，這是多麼宏偉無涯的大願啊！多麼氣吞山河！

老師到底是何等的人？真覺得自己太癡太愚了，常常糾結在雞毛蒜皮的爭論中，連小事都不能解脫。怪不得古人說，這是「螺螄殼裏做道場」，目光如豆，心念計較的事，只在豆子那麼大的範圍之中，說話的口氣倒像是個領導！

在老師最後三個月的過程中，我未盡任何照顧之力，對於日夜隨侍老師左右的同學們的辛勞和內心的煎熬，我的感受極深。此刻，我要對他們的謙恭和忍辱，致上最高的敬意和無盡的謝忱！

至大、至高、至深的南老師

——讀《南公懷瑾師逝世經過》有感

張尚德

（張尚德，臺灣中華唯識學會理事長、著名教授。）

道長劉雨虹前輩曾說：

吾師南公懷瑾先生捨報、呼吸停止前，身內像電開關一樣，「喀嚓」一聲，停止呼吸。

此乃：頂尖兒功夫成就，「內丹」升天、「涅槃」往會靈山。

蓋任何道門真修行有成就者，在捨報時，都是熄掉身內由動靜一如的氣機掌握的開關，與休止一呼一吸的「息」，是一而二、二而一的。空而不空、不空而空，妙有捨報，爲修道示現最高者。此所以釋迦牟尼佛囑親子羅睺羅，觀呼吸的長短息，道理正在於此。天臺宗智者大師的「六妙法門」，從起始、過程到終結，完全離不開呼吸的道理也在此。

莊子也說：「眾人之息以喉，真人之息以踵。」踵者，息通內外，又超內外也。呼吸本來通天、通地、通人、通宇宙、通一切。修呼吸的重要：至矣！高矣！

南老師成就，至大、至高、至深也。

二〇一三年六月廿六日

香板

——南老師的禪那，佛法的最高峰

張尚德

慈心三昧。

慈心要在三昧中，三昧要在慈心中。

不僅如此：

慈心三昧還要契應真如一味，一味真如。

南公懷瑾先生的真正成就是：

香板。

他香板一打，說一聲：

「就是這個。這個就是那個，那個就是這個。」

這就是慈心三昧，一味真如。

也就是佛法的最高峰。

二〇一三年八月十七日，於臺灣達摩書院

人生路茫茫
——艱難路艱難行

南小舜

（南小舜，南懷瑾先生之子，浙江溫州紹南中西文化導讀中心董事長、中醫師。）

以此對往事回憶的片光吉羽，紀念我的父親——南公懷瑾先生。

一個航空件，一本兒童讀物

父親——南懷瑾老師。中日開始交戰以後，祖父得知消息，他不再留在杭州讀書習武了，去大後方四川投筆從軍。抗戰勝利那年，他並未當即返鄉，約一年後，祖父遷到殿後村開店時，一位老郵差突如其來送來一個夾板的航空掛號件（約五十乘以二十公分），弄得祖父不明不白。拆開看，是張棕色的蔣介石近照，落款：南懷瑾同志惠存，蔣中正題，再沒別的內容。

祖父即時被這張照片震驚發呆，神態的流露，他心中在想像他的兒子會出現什麼狀況，現在身在何處，留在哪裡……或在某場戰爭炮火中掙扎，或在槍林炸彈下過著軍旅的生涯……抗戰勝利又那麼久了，並未見到兒子的身影，只能收到這樣的一個航空掛號郵件。祖父的精神雖然沒有完全崩潰，他的心再也無法想像下去了，唯一給他的答案——凶多吉少！

收件後，祖父整日沒多說什麼，在困惑中，沒有以前那麼多的興致與期盼，更無可喜之言。就這樣又過了好多日子，父親終於來信了，某月二十四日，從昆明登機飛抵上海。

來信的字跡很真切，祖父相信來信，從那天起祖父不但放心了，同時感到非常意外的高興！

父親還鄉的期許，又過去好多天。我從二舅家拿來上海出刊的《兒童畫冊》刊本，登載這月二十四日，昆明飛往上海的飛機，因上空發霧，無法降落上海機場，在上海近郊失事，同機九十三人九十二人遇難，倖存的是個八九歲王姓的小孩，坐在屍體中間，哭喊著爸爸媽媽，並在畫圖中登錄。我是以好玩帶回來再看，絕不知道父親的回程日期也正在這天。祖父看到了這本畫冊。這天飛機的失事，對祖父又是一場無法擺脫的驚嚇！

父親的回家到底還有多遠，旅途還會有那麼多的險惡嗎？我們家的分離會聚還要等多久呢？

人世聚散，凶吉本自然

八年抗戰，天下大亂，通信中斷，我們家也沒有了父親的音信。祖父拖著家，逃難六年，在逃難中還做了五年的買賣。在那全面禁運，到處封殺流通的環境中，祖父冒險經商，他的經商可不是想做發財夢！一來可保家糊口，二來可使地方的百姓得到急需生活用品的補給。小小的買賣，總比坐等死亡勝一籌。

開盤後，生意日漸興隆，但祖父更是日夜企盼我們國家勝利的日子早日來臨。他常常對葉公恕先生等朋友談論著：中國在哪一天打了勝仗，我們中華民族就沒有亡國之恨！全國同胞就有自立自主重新振興中華的機會！我的兒子也可以卸了軍裝，回家來見我！他的心我知道的，到了那個時候，他不會怕什麼路有多遠，山有多高，旅途有多艱難險阻，肯定他會不顧一切，回家見我的！

正如祖父所期盼的，我們國家打敗了日本侵略軍。祖父、祖母、母親，日日夜夜盼望著父親的歸來。可是，一天一天地等啊！等啊！還是等不到父親歸途的好消息，幾個月來，反而連二帶三傳來不吉利的訊息，如，政府寄來落款南懷瑾同志惠存的蔣介石照片；又如，預計父親乘坐的飛機失事。這些事件使祖父、祖母、母親增加了對父親更多的疑慮和擔心。

以當時的情景，祖父、祖母、母親等待思念父親的情感，比在八年抗戰逃難中那日子似乎還要更長。在抗戰的年代裏，是在祈禱，在祝福，在期盼我的爸爸一路平安，能打勝仗。抗戰勝利後的日子，期望他平安，哪怕是回來見一面也好，家裏人便可放下這個不可猜測的心事了！可是抗日勝利又一年多過去了，還沒見到爸爸的身影。

一等再拖，錯過航班

盼著爸爸回來，一日復一日，老是沒有他的回家消息。祖父比我們更著急，好像心中藏著很多不可說的話。但是，他卻相反的給我們下道安慰令，特別是對著祖母說：「一個人出門在外，國事、家事、讀書事，不可能並頭齊舉，忠孝難能兩全，他遲早會回來見我們的。」

直至一九四六年農曆初冬，一天晚上，果然不出祖父所言，爸爸總算到家了。一進門，他就地跪拜祖父，父子在悲歡離合間，含著熱淚不下淚。在這喜悅中，祖父托在手上的十字燈一晃，燈罩落地打碎。祖父他情有驚色，即嘮叨著「平安吉祥，落地生華」。

父親沒有衣錦還鄉，穿著普通的長衫，還與一位僧家師父一同到來（**這位師父在家住了幾個月後，說要去福建，離去後就不知道他的去向了**）。爸爸這次的回程日期，的確買好那月二十四日昆明到上海的機票。二十四日早上去機場，一位朋友事先約好去機場送行，但那天沒有及時到達，一等再拖，錯過了航班，重新買了二十五日到上海的機票。這時，祖父才明白，二十四日飛機在上海近郊失事原來是一場虛驚。

之後，大都議論著父親，他在戰亂中行伍，有福不是禍，是禍難躲過。也有相反的說法，他假使沒有這位朋友拖住，如期登機，飛機也許不會失事也不一定。這樣的信念傳開以後，我們鄉間有人說他身有佛骨在，大難能避，貴在後頭。

爸爸到家後，還是常常出外，也去過臺灣一趟。總之，出去回來，回來又出去，前後雖然是一年多，實際合起來，住在家裏不會超過半年。他一九四八年下半年離家去臺灣，後來就定居在臺灣。

至於，十字燈罩打碎一事，我去「楊八洞」這天晚間，祖父附耳問我，那個情景你還記得嗎？我答印象很深刻。他說當時的靈感，相見時，東西破碎不是好兆頭，祖父說，自己早已知道，那時相見，即是離散的伊始。那時念到「平安吉祥，落地生華」，是給你們的寬慰，你們不懂。從這次以後，你們再也不要來看我了。

祖母的疑慮與大海奪活路

祖父打破保守的思想，讓我們母子三人去臺灣和爸爸一塊兒生活。這並不是爸爸的主張，也不是媽媽的心思，是祖父放我們離家的最後決定，同時得到了祖母的允許。祖父原本是一貫反對我們出遠門的。當這樣確定之後，祖母便擔心起我們過臺灣海峽的危險，放心不下。

當時的事實，我們本地開往臺灣的商船，在臺灣海峽沉沒的確實不少。祖母的猶豫，害怕我們萬一不測，祖孫別無見面之日。她的疑慮，雖未直接說出不利的話語，內心還是捨不得放我們走，但在時世多變面前，又不可拖延強留，這一切的憂愁，她只有日夜求拜菩薩保佑我們，平安過境。

祖父做事，一向說了就算數，既已決定，絕不妥協，不反悔。於是在一九四九年農曆臘月二十七日，媽媽和我先乘本地生意船去臺灣（約上五六十噸位的木帆船），哥隨後來到基隆。

我和媽媽離家，與除夕之夜只隔三天，祖母也不顧忌過年那麼多的老框框了，既要去，就不要過執那些忌諱。在別離時，祖母再三叮嚀媽媽，一路上應念誦「救苦救難，觀世音菩薩」咒，會有靈驗感應！

二十七日下午，媽媽和我在甌江口上船，到了洞頭島紮潮，二十八日晚夜，四船同邦起錨揚帆。母子坐臥最低層很窄的鋪位裏。離開洞頭，在海岸線航行中，只聽到巔頂之上，海浪咆哮地撞擊，潺潺的水聲在耳邊掠過。

過不多久，大海洋中的驚濤駭浪，真如千萬把利斧劈山齊下那麼兇猛，無情無間地襲擊著船舷，猶如巨大的炸彈聲，使船隻傾倒在一邊，又快捷地倒翻一側，浪濤擊濺的水花，如大雨般紛紛落到低層艙鋪裏。在驚濤顛簸中，我曾發吐了，咬緊牙關，如同半死。當船越上浪峰，連船帶人，皆同飛越天空，刹時又如埋在海底，同時心都像跳出胸口，忽然又倒頭栽進浪坑。在傾倒起伏之間，每分每秒都在沉沒的時刻。母親還是依然合十，虔誠地念誦「白衣」咒、「六字大明」咒，求菩薩、神明，免於葬身在海底。

在黑夜朦朧中的母子，覺得全船在沉淪匆匆中漂浮，是生是死，抱著生命在打賭，與海洋上的颶風駭浪奪活路。正當此間，掌舵的老大高喊在艙的船員快來落帆，一面在神龕前燒金銀紙馬，磕頭跪拜，求海神寬容，放我們一馬。沒過一會兒，船面上嘀咕著，觀察不到同邦其餘三船的哨燈蹤影。大家都怕他們危多吉少，又擔心我們本船的命運。過了一會兒，船面傳來極高興的喊聲，前方就是「超嶼」的燈簍山了（能看到「超嶼」航標燈，不僅航線無偏，而且從洞頭開船，到臺灣的航程已經過半）。

天連水，水連天的滔天大浪，無邊無際的海洋，時時都有可能翻船吞沒我們。經過一天一夜的奮力掙扎，在大年初一的凌晨，總算幸運地到達基隆港十八號碼頭，船隻繫上了纜繩。

問學三十載
——南懷瑾老師的學術與方法論初探

吳瓊恩

（吳瓊恩，臺灣著名學者、《海峽評論》雜誌社社長、《聯合報》主筆、臺灣中國文化大學教授、中國政法大學特聘教授、北京師範大學客座教授。）

一、認識南懷瑾老師因緣的前言後語

我年輕的時候喜好讀書，在臺灣政治大學求學時期，深受師長們的啓發，曾遍讀熊十力、梁漱溟、唐君毅、牟宗三，乃至馬一浮、楊仁山、方東美等學術巨擘的著作。當然，理解到什麼程度，那是另外一個問題。

六十年代後期的臺灣，由於國民政府退守臺灣，整個政治氣氛籠罩在威權體制的統治下。當時的思想戰線是「一個中國」原則，「台獨」是一大禁忌，臺灣依賴美國的政經保護而存活。一方面，蔣介石發起「中華文化復興運動」，以王陽明的學術爲孔孟心性之學的核心精神，另一方面，學術界開始流行美國的行爲科學或邏輯實證論。

有的知名學者宣導實證主義，認爲那叫科學方法，更有教授誤解所謂直觀的方法是違反科學的。而他們所宣導的「傳統與現代化」，今日看來誤解甚多，甚至有的知名教授，竟無知於六十年代美國學術問題。六十年代中後期，也是毛澤東發動「文化大革命」與「批孔揚秦」的時代。中國文化在胡適及一群留美學人影響下，逐漸走向「全盤西化」的泥淖之中，不僅失去民族主義的立場，也失去中國的「文化主義」信心。在這種情況下，有誰能真正理解並體會孔孟的心性之學，以及佛學的啓示？

到二十世紀七十年代，臺灣進入「倒楣的時代」，有如二〇〇九年的美國《時代週刊》（TIME）列舉廿一世紀初每年的倒楣事件一樣。這一時代，是美國與歐洲從六十年代的學生運動，逐漸轉向八十年代的保守時代，或可稱之爲「轉型年代」。西方青年學者在美國三藩市成立了Shambala Publication（曾出版英譯《楞嚴經》），要向東方文化尋找靈感，他們體悟到西方文化「天人對立」的科學主義與經濟成長主義，有走向盡頭的趨勢，因此，要返本開新。也因爲他們發現東方思想在文化精神的源頭上，都是走「天人合一」、「知行一體」、「心物一元」、「自他不二」的預設。中西文化的源頭各自不同，因此，發展至今而有不同的面貌。

到了八十年代，西方物理學家終於發現，當代物理學的世界觀與東方文化的源頭預設相同，並謂之爲一種「典範移轉」（paradigm shift）。換言之，人類的科學家體會到：愈是新穎的物理學世界觀，愈與中國傳統儒釋道精神相通。這種認識已經十分了不起，改變了學術研究的知識論和方法論的基礎；但在南懷瑾先生這樣的有修有悟者看來，只是「見識」到人類心性之學的開端，尚未進入知行合一的「見地」境界。此所以「南門」（南老之學三教九流，有教無類，無所謂門派之見，此乃勉強用之）特重實踐，行以求知之學。

二、我與南老師互動過程中的親身感受與他的身教言傳

大約一九八二年春天，由於曾經讀過南先生的書，聽說周勳男先生與南先生認識很久，就在周兄的引見下初識南先生。當時我在國民黨「中央文化工作會」擔任理論工作。由於八十年代的臺灣，剛剛經過七十年代的倒楣運：一九七一年退出聯合國，一九七九年「中（台）美斷交」，中間復歷經兩次石油危機和若干國家的「斷交」，一九七五年和一九七六年蔣介石和毛澤東又相繼去世，兩岸形勢的變化，都在默默進行中。

二十世紀八十年代是世界各國都在變動的時代，由於與美國已「斷交」，蔣經國雖領導臺灣自立自強，無奈文化底子太薄。

一九七九年，臺灣歷經三十年相對偏安之局，進入亞洲四小龍之首。一九八八年一月十三日，蔣經國去世時，臺灣的美元外匯存底排名世界第二。而中國大陸改革開放雖已屆十年，卻還在亞洲五名之外。

八十年代初，出現了劉家昌製作的《中華民國頌》，充滿「大中國」的憧憬；而鄧麗君的歌曲也開始登陸，但仍被一些頑固的政客視為「靡靡之音」。

我就在這樣一個迷惘的年代，認識了南先生。當時只知南先生在臺北信義路的復青大廈，每天都有川流不息的訪客，王昇將軍說南先生那兒是「人民公社」，各路人馬常來常

往，或來聽課，或來吃飯喝茶，聽南先生講古今中外的事，的確受益匪淺，當時南先生下午正在講「中國文化大系」，晚上講《楞嚴經》，聽課者只付一些場地清潔費。

南先生授課有教無類，幽默風趣，他不走學院派的老路，獨樹一幟，因材施教。他除了講經說法，還會關心你的身心健康。

八十年代初，南先生給不少黨政軍要人開課講《左傳》等，但竟引起某些人的疑慮，稱南先生為「新政學系領袖」。南先生終於在一九八五年七月五日離開臺灣，前往美國，落腳華府，恰與美國的FBI為鄰。

八十年代上半葉，英美兩國開始新經濟政策，鬆綁銀行貸款，企圖鼓勵企業家投資創業，創造就業機會。不料，投資者卻有趣於投資華爾街的股票市場，無趣於真正的企業投資，終於種下二〇〇八年金融海嘯危機的遠因。當年諾貝爾經濟學獎得主克魯曼，把金融海嘯之責歸於八十年代的雷根政策。

八十年代初期，臺灣青年尋找思想出路，開始流行新馬克思主義；中國大陸青年則在尋找政治體制改革的方案。

海峽這邊的臺灣人，對中國傳統文化的心性之學尚缺信心，在日漸富裕下，政治反對派只知要爭取言論自由，早日開放黨禁、報禁，卻昧於文化尚不成熟，一旦他律鬆綁，卻無自律的涵養，造成的後遺症不容小覷，迄今仍然難治。

而中國大陸卻因「文革」而打壓孔孟心性之學，改革開放後，年輕人只看到美國表面繁榮富足的一面，卻未體會孔孟心性之學，不是唯心唯物二元概念可以分析理解的東西，只羨慕美國表面上的繁榮富足，卻不能認知到後來可能造成金融海嘯的危機。中國自鴉片戰爭後一百多年來，爲救亡圖存，只知求實用地、快速地解除危機，卻無一套長治久安的文化策略。迄今仍是如此。

南先生的心性之學，是治國長治久安之策。試看二戰結束後，從凱恩斯的經濟政策，到八十年代哈耶克的自由政策，人類的經濟前景陷於一片迷惘。經濟問題已非經濟政策所能解決，這是涉及人類各方面的系統工程，而且是一複雜的系統工程。

所謂心性之學，乃是基於人類除了實用科技之學外，必須面對的社會規範之學，這就是孔孟禮治優於法治之論，禮治能使人「有恥且格」，不像法治僅使「民免而無恥」。現代人幾乎已無羞恥感，到了麻木不仁的地步，只顧自己生命的存在活動，盲然於如何與他人互動，更不知真實的情感是何物。

南先生的心性之學，教人從日常生活的起心動念開始。像斯米克集團的李慈雄，在台大電機系二年級時，在南先生那兒打工並掃廁所，南先生並告訴他杯子要如何洗，才能洗淨杯口的唇印。

當年我寄贈南先生《新馬克思主義座談紀錄》時，不久便收到南先生的來信，表示收到並致謝意。南先生旅居香港時，有一次曾說，要介紹我認識幾位大陸的大學校長，我以爲南先生只是輕鬆地說說而已。沒想到半年後，我又到香港去，南先生見到我，立即親筆寫了五張介紹信，真讓我震驚不已。世俗中人，有誰那樣「閒話一句」，仍然信守不渝？這幾年來的經驗，寄贈一本好書送人，對方一點回應皆沒有，讓人覺得好像多此一舉。

這些事說明了，一個人的良知良能，本自具足，不需要邏輯推理，你如果能將心比心，具足直觀的能力，自然會知道應有所回應。可現代人接受邏輯推理的能力愈來愈強，卻在一開始就丟棄了人與人之間那種「敏銳的直覺（仁）」（梁漱溟語），丟失了你那本具固有的良知良能，因而，凡事從自我中心出發。反應快速的結果，言行舉止只不過是內心長期累積的「錯誤意識」（false consciousness）的投射，如何能與他人有效溝通呢？

南先生的心性之學可貴在此，他不在乎他人以嚴密的邏輯理論來罵他，許多批評南先生的人，亦不過是內心的「錯誤意識」投射出來的言行舉止而已。對心性之學沒有真參實修的人，出口即是「錯誤意識」的投射，所以，南先生從來不予辯駁。現在筆者在此多言，若南先生在世，必笑我多此一舉。

南先生熱愛民族，關心中華文化的復興。在一九八八年旅居香港時，有一次我與舍弟瓊埒路經香港去看先生，當時南先生說，尹衍樑先生請他出任光華基金會董事長，資助大陸青年學生讀書。後來北京大學也蓋了光華大樓，其他大學受益於光華獎學金者亦不計其數，二十多年後的今天，開花結果造福一個時代的青年，迄今仍然不贅。

南先生的事功豈僅這一點點？他在臺灣時已啓人無數，致力於延續中華文化的命脈。在美國時，他誠懇地告訴美國特務：「七分爲中國，三分爲美國」，贏得美國特務的敬重。

南先生在一九八七年寫了一封信嚴厲責備我，教導我趕快覺悟，我立即回信，懺悔過失。後來在一九八八年一月二十日左右，南先生要我到華府走一趟，並贈五百美金機票費用。

我記得當日一下飛機，到達南先生住所後，休息一會兒，先生即邀我政大政研所博士班肄業的學長張炳文作陪，親自教我打坐與數息觀四十分鐘。我們在華府停留兩夜三天，觀看《濟公活佛》錄影帶（當時尚未有光碟）。回德州Austin前，南先生在門口要親自教我一個咒語，我正嚴肅地洗耳恭聽時，他老人家親口傳授：「要多拍馬屁。」我頓時恍然大悟。一九八八年一月十三日蔣經國去世，月底南先生遷居香港，我在華府時，竟然一點動靜皆不知，南先生的行事作風巧妙有如此者。

一九八八年三月八日，我通過博士論文口試。四月初返台時，南先生有兩句話，要我請蘇志誠轉達李登輝：「一是少說話有利，多說不利；二是無爲而治有利，有爲不利。」事後觀之，李登輝全然違背南先生的建議。後來李登輝托南先生的有關兩岸密使事件亦不了了之，南先生十分失望，後來乃贈送筆者墨寶，上書清人張船山句：

今古茫茫貉一丘，功名常笑爛羊頭。

戲拈銀筆傳高士，醉擲金貂上酒樓。

未老已沾秋氣味，有生如被夢勾留。
此身可是無仙骨，石火光中鬧不休。

南先生的墨寶，活潑灑脫有仙氣，我視如無價珍寶，亦真切地體會到先生對兩岸關係的關懷與無奈。至於後來南先生移居上海，二〇〇六年後常住太湖大學堂，往來賓客中，看熱鬧、搶拍與南先生合照者眾，眾生相自然如此。亦所以見孔子「吾非斯人之徒與而誰與」，誠不我欺，從此深深體會到，南先生是如何的無可奈何了。

一個真理追求者
三十六年的參悟與懺悔

李慈雄

（李慈雄，臺灣實業家、上海斯米克控股集團股份有限公司董事長，恒南書院創辦人。）

老師，您走了，走得那麼無聲無息。

老師，您沒走，我們卻處處時時感到您的存在。

記得去年中秋夜晚，我們爲您舉行火化儀式，那天的月亮是如此皎潔、圓滿和明亮，猶如一顆巨大寶珠照耀寰宇，照耀山河大地。那天的天空，卻又沒有一絲雲彩，清澈無比，寂靜無聲。恰似古偈所言：「千江有水千江月，萬里無雲萬里天。」您又再次示現，用天象爲我們說法。自性光明，「如淨琉璃，內含寶月，圓滿菩提，歸無所得」，圓滿、清淨、光明、寂滅、無生。這難道不就是您一直要我們參悟的涅槃境界嗎？誰說您走了呢？誰又有像您這樣的威德，能用天象爲我們說法呢？

初次見面

記得三十六年前，我讀遍了當代的物理科學，發覺解決不了心中對宇宙奧妙的困惑，當讀到愛因斯坦晚年亦信宗教，就知道單靠現代科學是無法解決宇宙本體的問題，因而回到您的門下。記得第一次見您，是陪一位高中摯友來看病，在看了那位同學的病後，您問了我的名字及情況，您對我說：「你可以學佛。」當時我對學佛沒有絲毫的概念，就問道，爲什麼可以學佛？您說：「因爲你有慈悲心。」後來，談沒兩句，您又進一步問我說：那個能知道我在說話的是什麼？我當時被問傻了，愣在那邊。隔了幾分鐘，似有所悟，我點點頭，說，我懂了。您看著我說，你沒有真懂！這是第一次見您。

登門拜師

隔了幾個月後，我正式想到您處拜師求教。記得那是一個週六的下午，您聽我自陳來意後，望著我淡淡地說，我這裏是要繳學費的。我也望著您說，我父親是一般的公務員，照顧我們三兄妹念書已感吃力，沒有能力再來支付額外的學費。我愣在那邊，捨不得走。一分鐘後，您抽著菸，笑笑說，你可以來打工頂學費啊！我聽了，眼睛亮了，趕緊問道，打什麼工呢？您說，掃廁所、掃地、抹地、倒茶、洗杯子。當時我馬上回答，這個我可以做。您問道，你願意嗎？我說我從小媽媽就是這樣教的，當然會做，也願意做。接著您又問，什麼時候開始呢？我說今天就開始吧！

此後，每個週六下午，我和陳世志就一起到您處（當時叫東西精華協會）打工。打掃完畢，向您報告，您會親自檢查是否做到位，尤其掃馬桶，您會檢查內襯是否刷洗乾淨。洗杯子，您會放在太陽光下照，看是否嘴唇印洗乾淨。在客人面前倒茶，一開始沒經驗，您會當眾笑我們這些所謂台大的高材生連茶也不會倒，當時真想鑽到地下，很難爲情。後來出來做事，有些做事的好習慣及心態，就這樣被您磨練出來了。老師，當年您那麼忙，還親自身教，改變我們的習氣，是多麼懷念啊！

就這樣，過了幾個月，您終於說，下周開始學《史記》的《貨殖列傳》。我當時心裏想，我到您這邊是來探求宇宙奧妙的，不是想學做生意的，但既然您如此說，只有好好學習了，沒想到畢業至今，一直從事企業的工作，到三十三歲創辦斯米克集團，事實上都深深地受《貨殖列傳》的影響，或許您老早看出箇中的因緣吧！

東西精華協會

當年的東西精華協會，是很忙碌的。您有教無類，上至達官貴人，下至販夫走卒，皆能照應，但卻忙而不亂，雜而有序。我們這些學生就在這樣的環境中學習做人處事，這個過程中，您也會點撥我們，常說身教與言教要合一，生活與學習要合一。有很多人生的哲理與智慧，我們就無意地吸收進去了，如「器量與膽識」，「王者師之，霸者友之」，「急事緩辦，緩事急辦」，「三碗麵」。後來，我辦斯米克，在和幹部溝通的《爐邊談話》中，就引用了這些話。

記得，您特別提出《寶王三昧論》與《百丈大智禪師叢林要則廿條》作爲會員信守。

雖然兩篇皆是出家人所作，卻整合了儒、釋、道三家，貫穿了所有的出世入世的行願，太精要了，有誰能體會您拿這兩篇作爲會員信守的苦心呢？

《寶王三昧論》

四明鄞江沙門妙葉集：

一、念身不求無病，身無病則貪欲易生。

二、處世不求無難，世無難則驕奢必起。

三、究心不求無障，心無障則所學躐等。

四、立行不求無魔，行無魔則誓願不堅。

五、謀事不求易成，事易成則志存輕慢。

六、交情不求益吾，交益吾則虧損道義。

七、於人不求順適，人順適則心必自矜。

八、施德不求望報，德望報則意有所圖。

九、見利不求沾分，利沾分則癡心亦動。

十、被抑不求申明，抑申明則怨恨滋生。

是故聖人設化，以病苦爲良藥，以患難爲逍遙，以遮障爲解脫，以群魔爲法侶，以留難爲成就，以敝交爲資糧，以逆人爲園林，以布德爲棄屣，以疏利爲富貴，以屈抑爲行門，如是居礙反通，求通反礙，是以如來於障礙中得菩提道，至若鴦崛摩羅之輩，提婆達多之徒，皆來作逆。而我佛悉與記莂，化令成佛，豈非彼逆乃吾之順也，彼壞乃我之成也，而今時世俗學道之人，若不先居於礙，則障礙至時不能排遣，使法王大寶由茲而失，可不惜哉！可不惜哉！

《百丈大智禪師叢林要則廿條》：

叢林以無事為興盛。修行以念佛為穩當。
精進以持戒為第一。疾病以減食為湯藥。
煩惱以忍辱為菩提。是非以不辯為解脫。
留眾以老成為真情。執事以盡心為有功。
語言以減少為直截。長幼以慈和為進德。
學問以勤習為入門。因果以明白為無過。
老死以無常為警策。佛事以精嚴為切實。
待客以至誠為供養。山門以耆舊為莊嚴。
凡事以預立為不勞。處眾以謙恭為有禮。
遇險以不亂為定力。濟物以慈悲為根本。

向歷史交卷的兩大課題

老師，當時您又提出，我們這個時代須向歷史交卷的有兩大課題：

一、如何整合儒、釋、道和科學、宗教、哲學，使人類擺脫唯心與唯物的迷惑，從而開拓出人類當走的大道。

二、如何開拓出人類新的社會及經濟發展模式，從而使人類身心能夠真正的平安健康，而不是靠貪婪、消耗、掠奪、麻痹，追求所謂的經濟發展。

這麼多年，我一直沒有忘記您揭櫫的這兩大課題，也一直作爲我人生的方向與目標。

初次的接引及反覆

就這樣過了大半年，從秋天到了冬天。放寒假了，您要我和陳世志搬到會裏住（睡課桌椅上）。一方面您好照應我們，一方面多幫忙做事。一天夜晚，客人皆走了，您把我們叫到桌前，說，你們常說自我反省，現在我要你們把自我反省的心，先放在一邊，不是不要自我反省，但現在先放一邊。剎那間，所有的思緒皆放下了，但知性卻清清楚楚明明白白，對外界的動靜了然於心，卻又無一絲雜念，正如《楞嚴經觀音法門》所謂的：初於聞中，入流亡所，所入既寂，動靜二相，了然不生。就這樣，您讓我們休息了一段時間。然後，您拿永嘉大師的《證道歌》與《心經》來開示。自此，我的生命接到了源頭。當夜，已過半夜，您披著衣服來看我們，看我們正在念書，您說：「勇猛心易得，長遠心難求，早點休息。」您是何等的慈悲啊！

第二天一早醒來，潛意識就去找昨夜的境界，那境界是那麼解脫自在，安靜舒適。這就壞了，愈找愈找不到，找不到心愈煩，心愈煩就更找不到。於是發覺，什麼都不找，反而境界有點相契。那幾天，會裏很忙，境界似掉未掉。過幾天，向您報告，您笑笑說：「是啊！《圓覺經》說，居一切時不起妄念，於諸妄心亦不息滅，住妄想境不加了知，於無了知不辨真實。」我當時點點頭，似乎懂了，但沒真懂。往後的幾個月，就一直在如此「求境界、得不到、放下、放不了」的反覆循環中，箇中的痛苦，恰如人飲水，冷暖自知。當時自己笨啊！沒有智慧，學理不清（沒真研究過），否則一躍而過！當時自己的靜坐修持功夫也未真用功，更談不到上路，所以是境界來找我，不能把握住境界，也就是定力沒有基礎。定慧皆遠遠不夠，反而想一步登天，不是癡人說夢話，莫名其妙的大貪欲嗎？

國學小組

又過了幾個月，我已大三下學期，我向您報告，準備找十幾個大一大二的同學一起念國學，方式就如您教我們一樣，每週選一晚上大家共同研習一篇文章，再討論交流，同時交叉一些活動，如讀書前一起聚餐。每一周有一輪値的主席，要準備所有的事項，他可以找人幫忙，如此也鍛煉了大家做事的方法與合作的精神。記得我們一開始是念《史記》，好像第一篇也是《貨殖列傳》，後來念《論語別裁》。這樣一年下來，因爲大家在一起的動機很單純，只是共同學習成長，反而大家有真誠的感情。十年後，我出來創業，真正幫我的人，反而是這批同學。老子有云：「知予之爲取者，政之寶也。」豈是始料所及哉！

後來《論語別裁》在臺北出版了，當時老古出版社第一任社長是古國治（**因他的姓而取名「老古」**），我因爲自己念《論語別裁》得益甚多，又看到老古需要銷售收入，所以，我和當時師大的杜忠誥二人不約而同都站出來幫忙推銷。一天，我向您及古大哥報告我的推銷計畫，先要了二十多部送人，您很詫異，但聽完後，您馬上同意。

我是拿這二十多部《論語別裁》送二十幾個社團負責人，他們自己念了不錯後，再推薦給社員，用六折向老古進書，八折賣給社員，兩折差價可作爲社團經費，他自己個人可以留下《論語別裁》這部書。結果，幾個月下來，賣出幾千部，大家都得到好處！我常自笑說，我的第一份工作就是推廣您的書，恐怕最後一份工作也是推廣您的書吧！

您閉關了

沒多久，您宣布閉關了，就在原來您的住處。這段時間，我有幾個很鮮明的記憶。有一段時間，您每週有一晚上到佛光山臺北分院講「如何修證佛法」，每次您總是先到，那一晚，沒有預先接到停電的通知，我們以爲您會暫停一次，結果您頭也不回地走上十樓，用蠟燭上課。您從來不對事情馬虎，不對自己馬虎，不對別人馬虎。又有一次，您專門出關去見在佛光山閉關的首愚法師。我記得您問他說：「抽菸有抽菸定，你知道嗎？」您犧牲自己的閉關，遠從臺北到高雄是何等的慈悲啊！後來我大學畢業，等當兵的三個月期間，您要我把日記寄到臺北，並且批覆說：「空王應念我，貧子正迷家！」這是何等的棒喝啊！

進一步的參悟與懺悔

您閉關後，不能經常向您請教，只有自己念書及練習靜坐，當時主要研讀《楞嚴大義今釋》、《楞伽大義今釋》、《習禪錄影》、《禪秘要法》及《傅大士傳錄》。尤其是《楞嚴大義今釋》，最爲契合，常有「自從一讀楞嚴後，不看人間糟粕書」之感，因爲它糅合了佛法、科學與哲學，解答了多少胸中的疑惑。但在靜坐修持功夫上，卻一直不得其門而入。《禪秘要法》只看了三分之一，就急著去練習，沒有真的全盤貫通學理及功夫次第。當時想，反正是繫心一緣，只要老實地先從腳的大拇趾觀起，然後觀到大腿的白骨，作到白骨流光，即可作爲第一階段的境界，隨後，雖然做到了全身白骨流光，但卻一直裹步不前。後來到二〇〇四年您在義烏打七時，我才問「全身白骨流光時如何？」您說，要進一步從「有相光」進到「無相光」，我才恍然大悟。又修准提法，明明您再三說明，要從生起次第，進到圓滿次第，不要著相，才是真殊勝，但往往自以爲念了多少遍的准提咒就是功德，假若念的聲音節奏不對，反而對身體的氣脈有害無益。這些皆是自己的愚癡、沒智慧又不曉得及時請教，才走這麼多彎路。自己笨啊！

就這樣過了一年多似乎沒有進步的日子，後來到台中的成功嶺接受預備軍官的訓練。

可能由於體力鍛煉多，身體得到恢復，同時沒時間亂想，一些境界反而回來。有一夜，半夜醒來，悟到宇宙萬有皆由妄想而來，所以「色即是空，空即是色」，但能妄想的卻是「覺海性澄圓，圓澄覺元妙」。宇宙萬有皆是「元明照生所，所立照性亡，迷妄有虛空，依空立世界」。當時好高興啊！此後沒多久，當面向您報告，您聽後說：「你懂了！然後呢？」我說：「繫心一緣，老實修行。」您說：「好啊！」問題是，我自己從來沒有真研究過什麼是「繫心一緣」。心和緣究竟是什麼關係？如何繫呢？只知道繫心注意到一個所緣，如明點、白骨、准提咒等，但向上一路也不去問，更不要說把理與事結合在一起，所以，表面上大道理懂了，但最基本的修持功夫卻不扎實。好的境界自己把握不了，只有聽天由命，好像在修持，事實上在盲修瞎練而不自知。可不惜哉！

又有甚者，自己潛意識裏追求一種境界，尤其給自己設定一些條件，以爲達到這些條件，就可以得到怎樣的境界，人世間哪有完美的條件。如此心裏一直在糾結，所謂「心兵交戰」，不得安寧。哪知道「一念清淨，當下即是」，「一念不生全體現」，哪有那麼多條件！我當時寫信給您，報告以上心得，您回答說：你對了。但我對「繫心一緣」還是沒有參透，也不曉得問。您在等我問，我太愚癡了啊！老師，謝謝您當時沒說破，您用耐心慈悲地等我們上進！

到史丹福留學

在您的鼓勵下，同時在父母的支持下，我於一九八〇年到美國史丹福念總體工程經濟系統的博士。當時的動機很單純，想看看西方的社會與經濟是如何運作的，想學習西方人文與思想的根本。因為有心深入瞭解美國各方面，所以，除了念書外也到世界銀行、美國國會所屬的東西中心、美國電力研究院工作及實習。念書期間，碰到兩位很關心並照顧我的教授，一位叫哈門教授，一位叫鄧恩教授。這兩位皆在美國經濟大蕭條期間吃過苦頭，反而對人很體諒及厚道，且看得很遠，其中，哈門教授還寫信給您，探討人類經濟發展與心靈福祉的問題。您當時回信給他，就開宗明義地說，現代各種經濟學說皆是站在一國的經濟發展立場，沒有根本站在全人類福祉的立場，來設計全人類經濟社會發展的模式。

念書期間，因您的介紹，認識了蕭明瑾，後結為夫妻。

在美工作及您到達美國

一九八四年史丹福畢業後，自以爲對美國宏觀的經濟活動有所瞭解，想進一步深入參與一個企業的運作，於是，我加入了AT&T（美國電報及電話公司），工作地點在新澤西州，後來您於一九八五年到達美國華盛頓。您希望我遷到附近工作，於是，我於一九八六年將工作調到華盛頓。

一九八七年，您找我談話，希望我回中國，爲中華民族做點事。爲了到中國，於是，我加入波士頓諮詢公司（ＢＣＧ）作爲第一批亞洲業務開創小組的成員。一九八八年，我代表ＢＣＧ負責一個世界銀行援助上海工業改造的專案。於是，從一九八八年六月開始，我開始以上海爲工作地點，您也搬到香港定居講學。

創辦斯米克

在您的鼓勵下，我離開了ＢＣＧ，於一九八九年九月創辦了斯米克集團。斯米克是英文ＣＩＭＩＣ翻譯來的，全稱是China Industry Management & Investment Co.，中文名稱是中國工業管理及投資公司。後來因爲太像國營企業，所以取英文縮寫CIMIC，翻譯成斯米克。

我們全家於一九九〇年就從美國加州搬到上海。當時業務主要是與國有企業合資，業務一直發展得很好，美國的摩根史坦利還在一九九三年年初出鉅資投資斯米克。然而，您在一九九二年年底就提醒我說，靠與別人合資，一旦蜜月期過後會有問題，應走獨資靠自己的路子，才是長期之計。

三個月後去看您時，您又問獨資搞了沒有，並很生氣地警告說：「不搞獨資，以後會有大問題。」幸虧當時您的堅持和愛護，否則我真不敢想像斯米克今天變成什麼樣子。也如您所預言的，和人合資，長期合作實在不容易，這是人性所使然，非人力所能爲也。問題是，您不在我們企業中，卻有如此的智慧及遠見來關心指導我們，這是何等的威德啊！

您曾對我們說，您一輩子處事三原則：不向現成力量靠近，不向反對力量低頭，不向反對立場妥協。這是對人情世故充分的認知，並體現獨立人格，是何等的睿智與勇氣啊！

您定居上海

從二〇〇二年開始，您移居上海，這是我最有福氣能親近向您就近受教的十年，每天晚飯的談話及飯後的開示，就是最直接的受教。

二〇〇三年開始，因古道法師及本如法師閉關專修，您爲他們親自講述《達摩禪經》，並再三強調《達摩禪經》對修證得果的重要性。對任何想拿自己身心作爲實驗的對象、解脫三界束縛的修行人來講，《達摩禪經》是一本很重要的實驗法本，但一千多年來被淹沒了，它主要所講的是羅漢成就的二甘露門，那就是阿那般那（出入息）與不淨觀（白骨觀）。在第一次完整地講述阿那般那後，您考問我們，阿那般那的兩個要點是什麼？您先說第二個要點是「知時知量」，然後要我們回答第一個要點，我連續回答了三次，您皆不認可，也不說破，要我們繼續參。後來經過一個月，我聽了您講其他的事時，恍然大悟說，第一個要點是「觀出息」，您笑著說，對了！這就是您的教育法，要我們自參自悟，才是屬於自己的，否則還是屬於老師的，屬於書本的。

其間，您常問我們，念與念的中間是什麼？生與死的中間是什麼？醒與夢的關係是什麼？聲與聲的中間是什麼？有一次在義烏打七時，您透露說，人死後未投胎前，中間叫中陰「身」；前聲已去，後聲未生，當體即空，中間是中陰「身」，要先認得中陰「身」，才能進入觀音法門，體會「初於聞中，入流亡所，所入既寂，動靜二相，了然不生」；前念已去後念未生，當體即空，中間也是中陰「身」，要先認得中陰「身」，才能體會三際托空，恰如《楞嚴經》所云：「汝坐道場，銷落諸念，其念若盡，則諸離念，一切精明，動靜不移，憶忘如一，當住此處入三摩提。」

您創辦太湖大學堂

二〇〇六年，在您八十九歲高齡之際，移居江蘇吳江廟港（現在七都鎮），創辦太湖大學堂，隨即馬上舉辦「禪與生命科學的認知」研習班，這是我第一次深刻的體認「知性」，並對阿那般那法門的十六特勝有系統性的瞭解！您用洞山祖師的悟道偈子來引導我們去認清「知與息」的關係：

切忌從他覓，迢迢與我疏。
我今獨自往，處處得逢渠。
渠今正是我，我今不是渠。
應須恁麼會，方得契如如。

並用十六特勝的「知息入」、「知息出」、「知息長短」、「知息遍身」和「除諸身行」來說明「知」的重要，真可謂用心良苦。研習班結束前，您再三強調「飲食男女」對修行的重要影響，尤其「飲食不調」是修行人很容易忽視的大忌。

同時，您又多次提到阿那般那的極致，是達摩祖師的老師般若多羅尊者所說的：「出息不隨萬緣，入息不居蘊界。」

第三次的接引及反覆

「禪與生命科學的認知」研習班後，我又申請回太湖大學堂專修一段時間。當時呈給您一份報告，說明知性是無所不在，是一切存在的根本。您看了報告，也不說什麼。幾天後，一天的晚參之後，您對我說，你不妨放下知性看看。當時我愣住了，覓心了不可得，因爲沒有覓的主體，當晚連睡意也沒有了，有大解脫之感。第二天，您問我如何，我說連睡意也沒有了，您笑著說，會是這樣的！接下來幾天，您爲我們講解三祖僧璨祖師的信心銘，其中有句：「眼若不閉，諸夢自除。」您問我們這眼是肉眼，還是心眼？

這一次我真正體會了何謂「言語道斷，心行處滅」。但魔障跟著來了。當時以爲「一無所有」是究竟，不知「真空妙有，妙有真空」，更不知「如來藏」有大神力，只知守著「空掉知性」的境界，身心得不到滋潤，恰是乾慧的枯禪境界，結果得了感冒，又得了花粉熱（皆因身心未調適所致）。當時，潛意識裏還有想得神通的念頭，好證明自己的體悟，結果反是修行沒有真的上路。究其原因，首先修證功夫沒有堅實的基礎，身心得不到調適與滋潤，再加見地有偏差、偏空棄有，事實上是造個空的境界而不自知，第三是潛意識的貪欲，想得神通，結果又偏差了！

半閉關專修

經過這三十多年追求真理修行的反覆，我深深知道只是靠業餘沒有辦法真正「見道、修道、成道、宏道」，我需要有足夠的時間，趁老師在世可以請教，系統地研讀重要的經典，同時，深入地研習箇中修行證道的功夫法門，尤其阿那般那與白骨觀，更重要的要檢查出自己的見地的偏差與貪嗔癡慢疑的困惑。所以，我於二〇〇八年春節過後，就向您正式申請到太湖大學堂半閉關專修（因俗世所需，無法全閉）。這幾年，您指導我們研讀了《達摩禪經》、《楞嚴經》、《楞伽經》、《中論》、《指月錄》、《永嘉大師禪宗集》、《證道歌》、《成唯識論》、《瑜伽師地論》等等，其中不斷得到法喜，見地上得到提升，不落斷常，不著空有。《楞嚴經》上說：「如來藏妙明心元，離即離非，是即非即」，您在《楞嚴大義今釋》上解釋說：「自性本體虛妙靈明的真心本元，要離開一切現象作用才能夠覺得。也要不離開這一切現象作用，才可見到它的功能。這個自性本體功能就是這一切現象作用所表現，這一切現象作用卻不是自性本體。這個道理，只有自己親證方知。」

在修證功夫上，相當得力於《達摩禪經》的阿那般那及白骨觀，《永嘉大師禪宗集》的「正修止觀」亦是極好的參照，然皆要持之有恆，練習純熟，非小智小勤所能望其涯岸。

在修證過程中，種種境界，您再三叮囑，不要執著，觀出散，觀出息！同時提醒，要反觀能觀之自性，是知性在觀息，但能觀的心又在哪裡？能知的自性又是什麼？息的根本又是什麼？是在出入息上嗎？有一次，我向您報告說，「知息合一在清淨」，您批示說：「可以入道了。」第二天您馬上考問我，何謂入道。我用達摩祖師的話回答說：「外息諸緣，內心無喘，心如牆壁，可以入道。」

然猶未到究竟，您曾經修改過洞山祖師的悟道偈子，說：

不忌從他覓，何曾與我疏。
我今無來往，處處得逢渠。
渠今不是我，我今豈是渠。
若能恁麼會，略得契如如。

這又說明什麼呢？

普賢行願品

您常說：「學佛乃大丈夫事，非帝王將相所能為。」然而，您常感嘆近代不少學佛的人，往往守著一個空空洞洞的境界，表面上似乎無念，表面上似乎一無所求，事實上在無記的境界中，後生的果報是很嚴重的。經常如此，會變笨了，不用腦筋；變自私了，只顧自己；變懶了，沒有精進勇猛心。所以，您再三強調我們要發願，誓願證得菩提，迴向眾生，才不至於走偏差。

您在《一個學佛者的基本信念》一書中，詳細地解讀了《華嚴經》的《普賢行願品》，同時把東方藥師琉璃光如來十二大願、西方極樂世界阿彌陀佛四十八大願、大智文殊菩薩的十大願、大悲觀世音菩薩圓通法門與三十二應身、大願地藏王菩薩之聖德大願，皆放在書中，為什麼？而且，在太湖大學堂的禪堂，每天的早課，一天是朗誦《普賢行願品》，一天是朗誦《華嚴經》的「淨行品」與「梵行品」，普賢行願品、淨行品與梵行品皆強調行願與淨念，為什麼？

您常說教育是熏習，要改變習氣與追究學問，唯有不斷地熏習，其不然乎？經常地朗誦「普賢行願品」，再加研讀您的解讀，反觀自己，這其中的功德是不可思議的，經題不是已經給我們說了嗎？《大方廣佛華嚴經入不思議解脫境界普賢行願品》。

有一次在修准提法，想到《普賢行願品》中的一段偈語：「於諸毛端極微中，出現三世莊嚴刹。十方塵刹諸毛端，我皆深入而嚴淨。」於是，一念中出現無數的准提佛母，遍滿宇宙，乃悟到宇宙萬有皆乃一念。您笑說，這個你也懂了。偈語最後說：「一念一切悉皆圓，成就眾生清淨願，我此普賢殊勝行，無邊勝福皆迴向，普願沉溺諸眾生，速往無量光佛刹。」《華嚴經》把《普賢行願品》放在最後一卷，您再三強調行願的重要，是有深意的。

您一輩子爲傳承中華文化的慧命，念茲在茲，一無己私，義無反顧地教化天下。直至九十幾歲高齡，仍一天作兩天半用的工作、教化，乃至逝世前幾天，還在爲學生批示心得報告，這難道不是普賢行願品最好的寫照嗎？

您在九十四歲母難日曾自述：

九四朦朧幻寄身，存亡恍惚舊非真。
豈圖苟活浮漚界，只似靈明侍證真。

豈非已表露無遺了嗎？

唯識、科學與禪

您在最近兩三年，特別強調法相唯識的重要，並說現代人類受幾百年科學的影響，喜歡用邏輯分析，講究條理清楚。純粹只講「即心即佛」和「心佛合一」、「心意識」，一般人是無法相契合的。因此，您帶我們研究《楞伽經》、《八識規矩頌》、《成唯識論》、《成唯識論證義》（王肯堂著）、《瑜伽師地論》，希望我們這些學生利用法相唯識，整合佛法與科學，尤其是提升生命科學的研究及應用，跳出目前全世界純唯物的生命科學及狹隘膚淺的認知科學及社會科學，而能使人類認知心物一元的本體，又能利用本體的大機大用，對人類的福祉有實際的幫助。

然法相唯識的研究，很容易走入名相分析的偏差，對自己的身心沒有受用，也對人類文化沒有真貢獻。所以，您再三提醒要重視窺基法師的唯識五重觀：

遣虛存實
舍濫留純
攝末歸本
隱劣顯勝
遣相證性

說到底，法相唯識對勝義有的研究與般若宗對畢竟空的闡發，皆是「真空妙有、妙有真空」，一體的二面而已！

夢中說夢

去年五六月間，您有次理髮，要我在旁邊向您報告近況。我說，最近做了一個夢，夢見我扶著您過一條大河，河水很湍急，我們踩著的是浮動的石頭，甚險。後來，夢中我一念放空，您和我就凌空而過，化成一片光明，照耀山河大地。那一段時間，我的身體狀況和外面入世的事業皆很辛苦，但我進一步向您報告，我的心境恰是：

舜若多性可銷亡，爍迦羅心無動轉，
將此身心奉塵剎，是則名為報佛恩。

您說：「慈雄啊！雖說夢境，那是很真實的啊！」

恒南書院及最後的交代

早在二〇〇六年，我就向您報告要在上海找地方蓋太湖大學堂上海分院，作爲上海弘揚中華文化的基地。第二天，您同意了，並說就叫「南懷瑾學院」。當時我也沒多想，就開始籌設。到二〇一二年春天，基本建設完成。曾三次問您，取何名，您皆說不急。去年秋天，等到所有的傢俱皆擺好的那天，恰是您走的那一天。天啊！這是何意啊？

當年在找地方，很湊巧，這路名叫恒南路，另一條路叫江月路（**「千江有水千江月」的意思**），前面一條河叫友誼河（**意謂東西文化的交流**），左邊一條河叫三友河（**意謂儒釋道三家**）。我當時就笑了說，就定了，這麼奇特的地方，您也同意，同時對大的建築方案，包括方位皆親自指點。太湖大學堂的很多同學也出了很多的意見，真是群策群力。結果樓蓋好了，您因身體不適，不及親自來住及講學，是何等遺憾啊！記得二〇一一年年底，您就向我說，慈雄啊，房子不重要，重要的是內容。趕快蓋好，不要高速公路建好，車子跑不動了。沒想到，被您說中，真是懺悔啊！

您走後，我們一些同學商量，就定名叫「恒南書院」，作爲永恆紀念您，並弘揚您及古今往來諸聖賢教化的場所。

記得，您生前最後一次談話，您要我出來弘揚中華文化，並說要結合歷史、四書五經、佛法（道家）等等，開創出一條大道，為人類解決問題。因為整合一切學問，不屬哪一家，我就向您報告說，這是「一無是處，四不像啊！」您笑著說：「是啊！是啊！」您又說：「慈雄啊！你只要不斷反省及謙虛，就不會有事的。」我說：「記住了！」等到我離開您的辦公桌幾步之遠，您又大了嗓門說：「慈雄，你要用功！」當時您咳嗽很厲害，但又如此關心，此情此景，難以忘懷啊！

這就是您最後的交代：反省，謙虛，用功！

罵古人的懺悔

有一次，我向您報告說：唐代的永嘉大師和僧肇法師皆是曠時代般若智慧大成就者，但為什麼兩人皆年紀不大就走了呢？是修持功夫不到，色身沒轉化？或入世行願不夠，看不慣這五濁惡世，就走了？我心裏對二位古德，並不以為然，您沒說什麼。到後來，我才知道我自己錯了。永嘉大師和僧肇法師肉體走了，但他們的著作，永嘉大師的《禪宗集》和《證道歌》，僧肇法師的《肇論》，不是流傳千古，影響萬代嗎？他們沒有走啊！修持功夫，個人業報不同，如人飲水，冷暖自知，我怎能妄加評論呢？反省自己，般若、修證與行願皆大大不足！該罵的是自己，真該懺悔啊！

病中的示現

您在九十五歲的高齡，每天仍夜以繼夜地教化，常說一天作兩天半用，換作是一般的壯年人皆受不了，更遑論是您已九十五歲?您的病，純粹是勞累出來的，是爲眾生的教化，代眾生的受苦而導致的。

《維摩詰經》上維摩詰說：「眾生病，我乃病，眾生不病，我乃不病。」您就是這樣的心情，代爲我們眾生受苦受病。記得您在幾年前回覆通永師伯的函就說：「不用爲我找墓地，俗士有言：求仁得仁復何怨，老死何妨死路旁。」事實上，您老早已爲自己選擇了自己的路，也在印證普賢行願品的精神啊！

您在最後的病中入定時，我有一個夜晚輪值守夜，凌晨時向您懺悔了三十六年的愚癡及不夠精進，並立志未來的方向，當時聞到您的煙味，似乎您在說：「我聽到了，好自爲之啊！」同時，您有意地撥慢時間一個小時，您在示現，以堅定我的信心啊！

南懷瑾文教基金會

您一輩子常說：「視天下人爲子女，視子女爲天下人。」您待我們這些不成才的學生，真是就如同您的子女一樣，所以，您的子女有時會半開玩笑地說，他們寧可作學生，不做您的子女，因爲可以得到您更多的關愛。您知道嗎？您走後，您的六位子女，是多麼了不起啊！他們是您的子女，更是您的真學生，他們把您留下的各種遺產（包含遺物及著作版權）全捐出來，成立一個屬於全天下人的公益的「南懷瑾文教基金會」，他們如此的表現，您會感到欣慰的，他們沒有辜負您的期望。

結束語——參悟與懺悔

老師，三十六年來，您不斷地諄諄教誨，眼明手快，有殺人之刀，更有活人之劍，幾回生，幾回死，雖有不斷的參悟，卻因整體的學理見地不透澈，精確的功夫次第不到位，原始的貪嗔癡慢疑的習氣未轉化，因而一無是處、一無所成。您在去年八月份，跟我說：「慈雄，你還是不對的。」但您故意不說破，要我自己反省參悟。之後，因您的生病示現，引發的體悟，我向您報告說：「一切萬事萬物，包含自身，皆從心地中來，皆回歸於心地，心地無聲無語，無思無爲，無生無滅，能爲萬物主，不逐四時凋。所以，一切皆從法界流，一切皆還歸於法界，是實相境界，非理論境界。」您批示說：「知道了！」也是沒說破！

以前，有心得或有問題時，我能隨時向您請教。以後，在不斷參悟、修證與行願的過程中，碰到解決不了的問題時，我恐怕只有大哭一場了，去問誰啊？也只有祈求您及諸佛菩薩不斷的保佑與啓發了。

老師，那中秋夜晚，一輪明月是那麼皎潔，照遍寰宇。天際萬里無雲，是那麼清淨，默默無語。您似乎來過，影響千秋！您也似乎走了，寂默無生！

您常說，道是天下人的道，不是屬於哪個人的，天道與佛法常存，有緣人自然相見。

大道極目念恩師
——寫在恩師南懷瑾先生周年之際

李小琳

（李小琳，中國前國務院總理李鵬之女。中國電力國際發展有限公司董事長、中國電力新能源發展有限公司董事長、澳門電力董事、香港中資企業協會執行董事。）

緣起又聚十八載，花開蓮現恩如海。飽蘸心聲和露雨，極目大道師如來。

——題記

恩師教導我們，「佛爲心，道爲骨，儒爲表，大度看世界。」他是用自己的實際行動，成就著「立言、立功、立德」之人生三不朽。但是，誠如恩師自己所說的那樣：「沒有出世的修養，便不能產生入世的功業。」儒家的積極進取、經世致用，道家的自然無爲、澹泊名利，五千年風流榮辱都在笑談中。

太湖大學堂，油菜花燦燦生香，小樹林秋蟲唧唧，鳥兒呢喃，微風輕拂。敞透的圍牆，清幽、靜謐、恬淡、自在，田園詩意中，依稀浮現那個精神矍鑠的身影——

「開張天岸馬，奇逸人中龍。」

白雲悠悠，鶴鳴天外，對聯猶存，斯人已往。

「桌面團團，人也團圓，也無聚散也無常。若心常相印，何處不周旋。但願此情長久，哪裡分地北天南。」

如今，圓桌在，情未盡，心悵然。

「身入名場事可憐，是非爭競奈何天。看來都是因人我，無我何妨人盡賢。」

恩師的詩句涵義深遠，「道可道，非常道」，似乎早已預言。

一、大道向南

十八載，與恩師相處，一直有一個習慣。每當我有事向恩師請教，他總是第一時間接電話。

去年九月的一天，我一如往常地打電話向恩師請教，他沒有像往常那樣電話聯繫，而是用簡訊告知：「小琳，以後自己的事情，就自己做主吧。」聽了這話，我心底十分不安，預感到有大事發生。那幾天，我都是懵懵的！

果然，不幾天後的九月二十日，我正在北大參加哲學系的同學集會，同學告知，驚聞南老師四大違和，西醫已無法搶救，當天閉關了。我一下子毛孔四立！隨即致電太湖大學堂確認消息，其實，更多的是心中隱約希望一切都不是真的，恩師仍然健康如常。然而卻得到宏達的確認：四大違和，但還有脈象。

九月廿二日，星期六，我趕往太湖大學堂，見到傳洪兄。傳洪兄說，老師臨走時，大夫對老師說：西醫已經沒有任何辦法再對先生進行治療了。老師說：「好！」聲音剛落，盤膝靜坐，瞬間頭頂熱氣沖天，頭髮直豎，氣息戛然而止！幾位大弟子將老師接回了寢室。傳洪說到這裏，眼淚已經忍不住奪眶而出。

隨後，我來到主樓，這裏是老師平時辦公的地方。我清楚地記得，有一次，老師跟我說，我知道你想有一天住在主樓，和我一起談經論道。下次你來，我就做這樣的安排。然而，今天偌大的主樓，卻只有老師一人在清冷地閉關！

當晚八點到十點間，我爲老師守兩炷香。七點，我淨身沐浴，換了一套乾淨的白衣白褲，帶著無限虔誠和崇敬來到主樓。上到三樓，穿過藥房，來到老師的房間。

這裏，老師曾經專門爲我授業解惑；這裏，一草一木、一書一冊，甚至是空氣中的味道，都是那樣的熟悉而親切；這裏，無數次聆聽恩師教誨。今天卻因爲恩師的閉關，所有熟悉的一事一物都染上了絲絲悲傷。抬眼，兩邊懸掛一副對聯：

上下五千年，縱橫十萬里；
經綸三大教，出入百家言。

此時此刻，眼前又浮現恩師講課的風姿。

十八個春秋更迭，難忘恩師音容，難忘諄諄教誨。

十八載日月交輝，每每遇到疑問，恩師必然明確詳盡地給予解答。

十八年風雨兼程，我第一次得到這樣的答案。頓時，我控制不住自己的眼淚。

多少個日日夜夜，和老師交往的一幕幕，如同影像一樣，在我腦海中浮現，淚水再也止不住。

永遠難忘第一次與老師見面的情景。那是一九九六年七月，在香港維多利亞港灣半山的一棟公寓裏，我手捧荷花與老師第一次見面，老師就說和我似曾相識，好像老朋友，記不清是哪世因緣，只是特別親。又說我的眉眼、皮膚、神情都特別像我的奶奶。於是，他談及很多年以前，在漢口到重慶的船上，看見過我的奶奶。真是說不清楚的緣分吶！從那以後，每到香港，我一定手捧鮮花去看望老師。那天，老師送我一些經典書，包括老古出版社出的《顯密圓通成佛心要集》等。

永生難忘老師為我單獨授業。是一九九七年初春，得到老師示意，我一人來到在香港堅尼道三十六號老師的住地。這個地方並不為人所知，平日裏各界人士相聚的地方是三十二號，老師也極少讓人來這裏。我第一次看到恩師的臥室、書房，臥房很小，大約七八平尺，鋪設極簡，僅一張床掛著蚊帳，地上鋪了一塊不大的席子，想必是老師靜坐沉思的一席清涼之地。書房則有太多太多的書。我知道，老師是一位非常自立、獨立的人，自己的事情從來不願意麻煩他人。

從下午兩點開始，老師開始授業，我用心地聽——聽著聽著，似乎入定了，等結束後，一睜眼居然已是晚上九點。七個小時，我居然能一動不動，我第一次感到渾然忘我的境界與妙處。這一天，老師從為什麼學佛學開始，到用儒釋道旁徵博引，講宇宙人生的道理，講生命的意義。記得，恩師講到《韓詩外傳》，記憶最為深刻的是卷三中的「謙德」部分：成王封伯禽於魯。周公誡之曰：「往矣！子無以魯國驕士。吾文王之子，武王之弟，成王之叔父也，又相天下，吾於天下亦不輕矣。然一沐三握髮，一飯三吐哺，猶恐失天下之士。吾聞德行寬裕，守之以恭者榮；土地廣大，守之以儉者安；祿位尊盛，守之以卑者貴；人眾兵強，守之以畏者勝；聰明睿智，守之以愚者哲；博聞強記，守之以淺者智。夫此六者，皆謙德也。……故《易》有一道，大足以守天下，中足以守其國家，小足以守其身，謙之謂也。夫天道虧盈而益謙，地道變盈而流謙，鬼神害盈而福謙，人道惡盈而好謙。」恩師逐句講解，其間還穿插了許多歷史故事。多年後，我也更加理解了《易經》中謙卦的道理了。

難忘多次的禪修。從一九九七年開始在香港，二〇〇四年在太湖大學堂多次禪修大課，以及二〇〇九年秋季太湖大學堂的禪修，結緣了素美、傳洪、彼得・聖吉、馬有慧、宏忍師、清源、陳峰等。老師傳道授業，開啓生命的意義，示範《大學》、《中庸》、《黃帝內經》、《心經》儒道佛以及哲學、文化等方面的許多課程，發正心，示妙法，爲天下，使得太多的人受益。中國優秀的傳統文化、哲學思想，儒釋道的經典，禪宗流派，修心要義，三轉四諦，七支坐、十六特性、六妙門等皆是開示的重要內容。

依稀記得，二〇〇四年的冬天，我去位於上海長寧區老師的住處，老師拿出了太湖大學堂的規劃圖，和我興致勃勃地談起他的打算。我也把自己的《百天日記》拿給老師看。那天天氣特別冷，老師看我大病初癒，特地把他的一件中式的加長薄棉襖給我，又拿出一套特製的護膝，要我穿上，並一再囑咐我：「女孩子，小腿一定要注意保暖！」

記得二〇〇七年，在太湖大學堂，距離恩師第一次授業已經十年了，我發心綜合研修一下。正好中國科技大學朱清時校長在唯識學、認知科學方面請教老師。老師用三天時間專門開示唯識學，我與朱校長也相互交流心得。

更難忘恩師那一次最憐愛的開示。二〇〇三年，一場大病之後，我自己反思爲什麼會得病，報告給老師，老師要我先看《了凡四訓》，之後再爲我開示。

十八載，恩師爲我單獨授業的就有三次，也有三個層次和階段：第一個層次重在修身，示範打坐、開示准提等；第二個層次重在修心，講人生的意義；第三個層次重在道，講宇宙生命，講命自我立，發心立命，利天地萬物。

清晰地記得，二〇〇九年九月的禪修課上，老師說，禪是人類生命的科學，是生命的究竟。當講到中國文化斷層，禪宗無傳人的時候，我第一次看到老師潸然淚下。老師拿了一本《指月錄》說，「這是我看到的一本最好看的書，我最愛的一本書，一生閱覽。」又講到陶淵明及《歸去來辭》，生命是永恆的，乘化以歸盡，樂乎天命乎。正是：千江有水千江月，萬里無雲萬里天。記得那次見面，我用一首小詩記下了當時的感懷：

七日垂甘露，蓮心共依依。
凌波觀自在，妙高悟真機。

往事一幕又一幕，一切就像夢一樣。

不知不覺，時間過得很快，弘忍師說兩炷香的時間到了。我不捨地望了望東邊，我知道老師就在那裏。

我行禮致敬，默默退出大堂。此時我不再憂傷，因爲恩師沒有離開，他在我心中，永遠，永遠……

次日就是老師的第七天。得到應允，我再次沐浴更衣，來到老師的小屋，爲老師再守兩炷香。書房旁就是藥房，多少次，每當我在大學堂身體不好時，老師就是在這間小藥房給我親自抓藥配藥。

我再次靜坐，彷彿又看到老師的身影，在爲我配藥，倒水，監督我喝下，又親切地問我感覺如何，並堅定地說：「你會好的！」我還笑著說：「老師你是蒙古醫生。」老師笑答：「管用就是好醫生！」

而今，學生又至，恩師安在……

兩炷香後，我站起身，與我同爲守護的鄧老師也起身，拿出幾本《心經修正圓通法門》，對我說：這是根據老師要求，重新翻印的書，送給你留個紀念吧。雙手接過，我的眼淚又不自覺地流了下來，彷彿時間又回到十八年前，老師第一次爲我上課的情形，也許冥冥中，我與老師的緣分輪迴。

靜靜地、默默地守候，一切寂靜如常……

九月廿五日下午，是道南大學堂的一個重要活動——上海文化藝術品鑒促進會成立暨經濟文化發展論壇召開。我原本不想按原計劃回城參加，只希望能陪在恩師身邊。耀偉勸我說，成立文化品鑒促進會是老師一直以來的願望，希望我能幫助老師了卻夙願。

對於大學堂舉辦的活動，我向來是大力支持的。我知道，「道南大學堂」是在老師的特別關切、親自策劃督導下創立的。根本之意，是取「大道向南」之意，傳聞五祖傳衣缽於六祖之後，親自把惠能連夜送到九江驛。臨行前，六祖問道，五祖連說：「大道，向南、向南。」即囑咐惠能：「以後佛法將通過你而大興。你離開黃梅後三年，我將入寂。你趕快往南方走，好自爲之。不要急於出來弘法。這當中你會有劫難。」

想到老師經常教導我出世入世、自利兼他。我即便萬分不捨、不願離開老師，仍然答應耀偉如約前往論壇，並做了《靜水深流——企業制勝之道》的演講。

本來也想竭力抑制自己，但是開講之前，終於還是忍不住講了心中最真切的感受，也是說明箇中情由，此時此刻，會場上鴉雀無聲，靜謐非常。我明白，兩百多位嘉賓和我此時都心繫一個老人、一個地方。我和大家訴說著自己的心聲，在這特別的日子，原本是不打算來參加的，近幾天心情很沉重，也幾乎沒有休息，在太湖大學堂日夜守護老師，權且是對老師多年教誨的一點點回報。說到這裏，我已是滿眼淚花，台下兩百多名聽眾也是淚眼婆娑了。

在會上，我念了自己創作的一首小詞《西江月》，表達了自己的心境：

大道莫言艱辛，群英相聚今朝。至善心跡化無常，天地正氣堪豪。
十八載風雨路，誰把輝煌鑄造。千秋光明傳基業，靜水深流鑒照。

演講一結束，顧不得吃飯，我馬上返回了大學堂。行駛途中，忽然，車「格登」一聲，我心裏一驚，司機察看是底盤塌陷，這兩天穿梭於大學堂與市區之間，路跑得太多了。於是，只好聯繫新能源公司，換了一輛車繼續趕路，八點才到達太湖大學堂。

最終，老師選擇了一個平凡的方式走了。

三十日晚，中秋之夜，明月高掛，宗性法師在老師的荼毗儀式上，手執化身杖，大喝：「今予：諸行無常，是生滅法；生滅滅已，寂滅爲樂。笑曰：俄而一夢，是夢非夢，夢裏夢外，夢夢夢夢。南公懷瑾大士，印如是耶？」

雖然說法如雨，舌綻蓮花，但南懷瑾老師自己卻說：「一生猶欠詩書債，萬事終須留有餘。」

一晃一年過去了，甚感：過去心不可得，未來心不可知，現在心已過去……

二、大道無形

人有生命而有活動，生命之活動，從言語文字而言，又名之曰行為。復從生命行為之根源而說，又名之曰性；從行為活動之作用而說，別名曰情。但人性與情緒，都因自受現實現象所影響，而起千差萬別之作用。究其根源，皆自受「不思議熏，不思議變」而來。故明儒洪自誠論人之性情，有謂「涉世淺，點染亦淺。閱歷深，機械亦深。故君子與其練達，不若朴魯。與其曲謹，不若疏狂。」誠為不易之名言也。今小琳自以平日所作匯之成章，乞為之言，故即以此示之。

丁亥（二〇〇七）立冬南懷瑾

這是恩師專門贈我的提示。爲我的《靜水深流》一書，南老師親筆題寫了書名《靜水深流——小琳新書》之後，又專門寫了以上的提示。出版時工工整整地印了出來。當初，考慮到老師的影響，出版時並未使用老師題寫的書名，雖然太多的人想請他題簽。後來出版《靜水深流——小琳演講錄》時，使用了老師的題簽。

現在，翻看恩師的提示，字裏行間，飽含寄託，深情無限。回想起來，往事如昨，物是人非，豈不令人唏噓，讓人無限感慨！剎那間，淚水已經模糊了雙眼……

那還是六年前，二〇〇七年三月廿四日，星期六，是南老師九十大壽。不知是什麼原因，那些日子一直在念叨老師，心中之情，難以言表。老師這一生經滄桑、識善法，常有慈悲心胸，真希望老師能久駐人間。於是，我精選了一座自己珍藏的非常古樸的「菩薩造像」雙面繡品，並請老藝人把「靜水深流」四句詩嵌入原作中，以表達我對老師的深深祝福。

那時，還沒有高速公路，兩個小時的路途顛簸，當我趕到時，已經是晚上七點半了。晚宴已經開始，老師看到我到來，異常高興，親切地把我拉到他的身邊，一定要我坐在他身邊不離開。老師看著四面八方來賀壽的人，集中精力和我聊敘，心生歡喜。外邊禮花隆隆、七彩綻放。此情此景，望著老師，心中更生幾多感慨：如果今日我不能來，此境又是如何？想著，看到臺子上一架古箏，不禁上臺親手為老師彈奏起來，一曲連心相應，滿堂一片掌聲，老師極為高興，笑啊笑——室內外，燭光、樂曲、禮花、人聲，交相輝映，給這初春靜謐的夜晚，帶來一絲絲柔情、一陣陣溫馨和甜美。隨後，我把這幾年的心得《靜水深流——小琳手記》呈老師檢閱，一則，請老師教正，並為我即將出版的新書作序言一篇。二則，中央黨校學習一年間，請老師給我列個書單，促我讀書精進。老師特別慈悲，全部答應我的要求，並一再問我還有什麼要求。最後，老師看我實在想不出什麼來了，就說「其他要求，以後再說」。夜色中，我離開老師，趕回去，已經十一點了。

記得，我爲此專門給老師寫了一封信：

恩師：

安好！首先，報告思想。三月初以來開始為期一年的中央黨校住讀學習。認真研修並兼顧工作。雖勞碌但豈敢有半點懈怠。蓋因怕師之責罵也！更期師之指教。

其次，勞煩先生。四年來，我全身心地投入到中國電力、中電國際的創業、治業中，尤致力於清潔能源的發展。我想，承接上一輩電力人開創的光明事業，我們新一代電力人，更當順勢應天，給這個世界帶來光明、動力、溫暖之時，要給子孫後代留下一片碧水藍天。此類利己利人的事，雖費神費力，也歷經艱辛，依然堅持不懈，志在有成。只要是有利於人類社會進步發展，總是值得。凡此種種，四年來，記錄了一些所思所想、所歷所為，點點滴滴，小輯為《靜水深流》系列，《小琳手記》即是其一。更是心手相應、管理自我、管理團隊、管理企業的心跡。「靜修慈海承大愛，水生無形念素心；深德智泉不覺處，流雲潺潺看古今。」也許，這首小詩，可以略表《小琳手記》中的言行、理念。所以，期盼您之教導與指正，以促精進！

最後，祝福老師：身體健康、永駐人間！並打油詩一首敬獻：

春秋無忙閒，桃李遍南山；
質樸寄一寓，世事洞明天。

二〇〇七年三月二十一日丁亥春分時節

在人生的道路上，南老師從修身、齊家到治業，從入世、精進到超脫，給了我很多的啓迪、很多精神營養。人生處處皆爲道，這大道不斷給我啓迪，充盈著我的生命境界。我在《靜水深流》一書中特別寫了兩個人，一是我的奶奶，另一位就是南老師，篇名《道不遠人》。我寫到：恩師是一位奇人，一生跌宕起伏，極富傳奇，可謂精彩，可謂曲折。一言以蔽之，以積極入世的態度，超然物外的情懷，大徹大悟的智慧，經營著當下的人生。

相聚是緣，其中一段大致可以表達我當時的心境：「與南懷瑾老師相識，不覺已有十八個春秋。時光荏苒，歲月如梭，一切依稀宛如昨日。相聚是緣，也是品味人生、欣賞人生的時候。對這一段緣，我倍加珍惜，心存感念。」

十年前，我在病榻上堅持記下了《百天日記》，一直鼓勵自己：

現在比剛才好點，一會兒會更好些，明天比今天還好。就這樣，咬緊牙關，克服了一個又一個困難。風雨過後會見彩虹，歷經病痛，我對生命有了更深的認識和體會。有人會說「捨得，有捨就有得」，我想很多時候無所謂「捨」，也無所謂「得」，因為我們的生命其實就在一呼一吸之間，就像水流不斷。與病魔抗爭的日子裏，我體會的不僅是生命的脆弱，更從身體的變化到心理的變化中，體會到生命的豐富和充實。大病痊癒後，整個人似乎重獲了新生，對生命有了更深刻的領悟。生命脆弱，人生無常，我們只有珍愛每一個今天，把握每一個當下，把愛傳遞給更多需要幫助的人，我們的生命才會獲得永恆的價值和意義。

結緣恩師，我走過了人生最重要的十八年，每當遇到重大抉擇、問題、困惑時，總能得到老師的指點。老師的耳提面命，指點迷津，為我點亮一盞心燈。

恩師一再感嘆我們的文化出了偏差，看見我們陷於「知」中洋洋自得，便諄諄告誡我們，做學問要知「道」，要能知、止、靜、定、安、慮、得，有這七步功夫，才能得到「明明德」真理光芒照耀十方三界，明真心本源。

小的時候，我到過很多偏僻的小山村，當看到許多孩子步行幾十里山路上學，在昏暗的煤油燈下讀書學習的情景時，我的心中就產生了一個夢想，長大後做一名光明的使者，把光明播種到中國每一個缺電的地方。

改革開放二十多年之後，那些小山村裏的家家戶戶終於用上了電。二〇〇五年前後，有機會再回到小時候到過的那些小山村，卻看到，雖然經濟發展了，村村通了電，但是因爲嚴重的工業污染，已經使這些鄉村失去了昔日的秀美風光。心中隱隱作痛，隨發誓願：不僅要爲這個世界帶來光明和動力，而且還要爲我們的下一代留下一片碧水藍天！決心「肯將熱血化碧水，直展素紙繪藍天」，開啓新能源發展之路。

當我把這些報告給老師的時候，老師十分高興，說：「小琳，你格物了！」

漸漸地，我自己明白了：「在明明德」，是要自覺；養成習慣，實踐、反思，記錄心得，不斷修正。「在親民」，是要覺他，利他人，利萬物。「在止於至善」，是要持之以恆，不斷完善。

我現在依然清晰地記得《中庸》：天命之謂性，率性之謂道，修道之謂教。道也者，不可須臾離也，可離非道也。是故君子戒慎乎其所不睹，恐懼乎其所不聞。莫見乎隱，莫顯乎微，故君子慎其獨也。……致中和，天地位焉，萬物育焉。

恩師和我專門講到方孝孺的《深慮論》：「慮天下者，常圖其所難，而忽其所易，備其所可畏，而遺其所不疑。……而惟積至誠，用大德以結乎天心，使天眷其德，若慈母之保赤子而不忍釋。」

二〇〇六年，恩師在創建太湖大學堂時說，我們雖對優秀傳統文化的流失失望，但不能絕望，因爲要靠我們這一代，才能使古人長存，使來者繼起。

恩師連續三次講《女性的修養》，特別推崇明初女詞人馮小青的「願爲一滴楊枝水，灑向人間並蒂蓮」的大悲情懷。老師說，母教，比哪個學校都重要；中華民族需要站起來，未來的時代需要女性站出來，女性作爲社會的基本力量，影響社會與世界。我在幾次國內外的演講論壇上，也都闡述了類似的觀點，得到各方良好的反應，也得到恩師的讚許。今年七月，我受邀參加首屆「中華母愛論壇」，並獲得首屆先鋒獎。在演講中我提出，女性要成就一番事業，就要堅守內心的大愛，要從出自母性的忘我、奉獻的自發「小愛」，上升到爲社會大眾、爲人類奉獻服務的「大愛」。

太湖大學堂裏，恩師給來自全國各地的許多學子們上國學課。從《易經》講到《誡子書》，講到《朱子治家格言》，五個小時，時而引經據典，深入淺出，像是話家常；時而隨口吟誦，聲音高亢悠揚，如行雲流水。可謂「研窮義理之精微，辨析古今之同異」，又給人以「推倒一世之智勇，開拓萬古之心胸」之感。近幾年，每當我看到恩師親力親爲，那麼辛苦、勞累，講課、示範、寫作，還要陪著一撥一撥的人，操心著大學堂那麼多的事，心中總是泛起絲絲隱痛，他老人家太累了，我也不止一次地勸慰過他，希望他常駐人間。

我清晰記得，恩師拉著我的手，堅定地說：「小琳，我百歲之後，要講《黃帝內經》。」當時，我聽了非常感慨，自然也非常高興。

可惜，當年不想身後事，今朝卻到眼前來。

三、大道澄懷

「西風黃葉萬山秋，四顧蒼茫天地悠。獅子嶺頭迎曉日，彩雲飛過海東頭。」南老師十五歲時寫的這首詩，既反映了他當年的心緒，也許還可以當作他一生精神追求的寫照。「上下五千年，縱橫十萬里；經綸三大教，出入百家言。」這是李石曾先生早年題贈老師的聯語，高度概括了南老師寬闊的胸懷和執著的追求。

老師平生致力於弘揚中國傳統文化，出版有《論語別裁》、《孟子旁通》、《大學微言》、《老子他說》，及佛、道兩家三十多種著作，又經英、法等八種語言翻譯流通，印證了「上下五千年，縱橫十萬里；經綸三大教，出入百家言」。可謂「法鼓聲聲傳宇內」，「清流汩汩潤時賢」。

「功勳富貴原餘事，濟世利他重實行。」老師的這兩句詩，著實是他精神品格和人生境界的真實寫照。氣定神閒，波瀾不驚，在淡定與從容中看紅塵滾滾，風雲變幻；在達觀與超越中提升生命品格，讓人感受到什麼才是「知者不惑，仁者不憂，勇者不懼」的人生境界。

老師不止一次地說，我們文化中先聖先賢所教親親、仁民、愛物的人品行爲標準，實爲重要。多年的體會領悟，我真正從恩師身上學到了，有什麼樣的愛心和胸懷，才能成就什麼樣的事業。

難忘恩師辨析「變化」。「人心惟危，道心惟微，惟精惟一，允執厥中」。恩師說：「宇宙萬物隨時隨地每一分每一秒都在變。至於宇宙萬物的法則『變』，明天會變成什麼，是有一定規律的。」更進一步地，他將「變」的問題聯繫到現實探討的問題，認為，中國儒、釋、道三家對於應變的不同方法：儒家是作「中流砥柱」，道家的「因勢利導」，佛家的「來去皆空」，娓娓道來，心游萬仞，目極八荒，給人無限的遐思，現實的啓迪。

難忘恩師笑談人生。人生的目的是什麼？「人生的目的就是人生。」但是僅僅這樣回答我們不甘願，仍希望有個目的。於是就有了兩個問題。老師說，「因為這個問題的本身就是答案。首先，生命的意義是什麼？生命等於生加命，所有外在的生物叫做『生』，而有思想、有靈魂的叫做『命』。」

難忘恩師對生命價值的追索。生存，生活。現在我們只為「生活」而努力，忘記了「生存」，忘記了社會生存的深層問題，更忘記了生命的意義。

難忘恩師對事業的指引。他說，知識分子要做什麼？知識分子要做出事業來。先生說：「中國文化對『事業』的定義很艱深，《易經》有云，舉而措之天下之民，謂之事業。真正的事業，是為『天下之民』的利益幹的，否則都是職業而已。」恩師的心是什麼？他教我們，「佛為心，道為骨，儒為表，大度看世界」，這是立身之本；「技在手，能在身，思在腦，從容過生活」，這是處世之道。「上下五千年，縱橫十萬里；經綸三大教，出入百家言」，這是經世致用。中華傳統文化所有的經典，都是教導我們濟世救人，既要圓融處事，更要能救度眾生脫離生死苦海，跳出邪見歪理束縛，不沉溺於聲色犬馬的物質享受之中。

恩師是用自己的實際行動，成就著「立言、立功、立德」之人生三不朽。但是，誠如恩師自己所說的那樣：「沒有出世的修養，便不能產生入世的功業。」儒家的積極進取、經世致用，道家的自然無爲、澹泊名利，五千年風流榮辱都在笑談中。

恩師多次談及他自己所做的一切都是「明知不可爲而爲之」，自己所做的無非是「山迴迴，水潺潺，片片白雲催犢返；風蕭蕭，雨灑灑，飄飄黃葉止兒啼。」「自憐獨木支巨廈，眼底林園是嫩枝。」恩師對文化傳承的期望可謂溢於言表！

每每思量，我都能體悟到老師的內心，他的大愛，他的期盼，他的焦慮，他的無奈。

風雲際會的歷史時期，中華優秀文化的千年道脈，綿延萬里，恩師春風化雨，默默播撒無形的種子……

望歸。

四、大道極目

又是一個秋天，大學堂周圍，玉米正在悄然抽穗，蘆葦叢迎風飄蕩。清風尚在，明月

恩師在逝前吟誦：「人歷長途倦老眼，事多失意怕深談。」在恩師的心中，一直是殷殷的期盼與堅守：「凡事我但盡心，成功不必在我。」

在恩師的心中，一直期盼著一條大道，一條使中華民族通向希望的心路，中華文明復興之路。對此，老師有詩為證：

一燈丈室念初平，夢裏江山倍有情。
八萬龍天齊問訊，大千世界步虛聲。
欲堅道力憑魔力，自笑逃名翻近名。
去住無由歸不得，舉頭朗月又三更。

讀罷恩師的詩，不由讓人想起宋人謝濤的詩句：「百年奇特幾張紙，千古英雄一窖塵。唯有炳然周孔數，至今仁義洽生民。」恩師撒播的文化種子，一定會花雨漫天，碩果

累累的。

恩師不遺餘力「燃先聖之心燈，續眾生之慧命，揭宇宙之至理，軌萬有之一行」，推動著、撒播著正心、正念的種子，中華文化的優秀精神終於又紮根於芸芸眾生。展望未來，我們的國家和社會、人民大眾的生活將會變得更加美好，中華民族的偉大復興一定指日可待！

難忘每次臨走時的情景：南老師送我，相互攙扶著走，送到屋子門口。他一手拄著拐杖，一手向我揮別。他那個動作呀，那個目光啊，讓人感覺，又不能不讓你走，又捨不得你走。那場景，永遠銘刻於心。回首間，我似乎分明看到，恩師一襲長衫，微微笑著，望著我們……

歲月悠悠，師在我心；極目遠望，大道在前。而今，我正沿著光明大道，爲綠色電力能源走進千家萬戶，期盼著，堅守著，探索著……

緣起又聚十八載，花開蓮現恩如海。

飽蘸心聲和露雨，極目大道師如來。

點亮心燈

馬宏達

（馬宏達，南懷瑾先生的秘書。）

昨晚和彼得・聖吉聊天，他說這次我們大家是否可以畢業了？他希望大家各自努力，傳承從老師這裏學到的東西。他從開始找到老師，一直到今年，十五年中，每年都來向老師求教，也由此獲得了扎扎實實的收穫與成長。他這次發願把老師的學問和著述進一步傳到西方去，傳到世界去。他說中國文化對西方乃至全世界是很有幫助的，尤其這個時代和未來，世界充滿了危機，非常需要借鑑中國傳統文化諸多寶貴的思想與經驗。就拿管理學來說，如果只是寄託於規則和利益管理，而不是大家各自以內心觀照和修養爲立足之本，就不是真正好的管理。

我跟彼得開玩笑，不過也是真話，我說現在談畢業還早呢。老師這一次，給所有見過面或沒有見過面的學生留了一張考卷，這是一個非常大的人生考題，我們每個人要用幾十年或者餘生，去回答這份考卷，等將來見老師，自己去交卷，那個時候才知道自己打多少分，是否可以畢業了。所以，將來我們走的每一步，自己心裏所思所想，所做所爲，其實都是在答這一份考試卷。

講到大家最關心的傳承問題，我有另外一個看法，老師的學問是儒、釋、道三家，諸子百家都通的，不限於任何一家。我們借用佛家來說，釋迦牟尼佛走了以後，最重要的是什麼東西？我認爲是佛經，就是經典，他一輩子智慧的結晶核心在於經典，他走後由五百羅漢來結集，然後流傳到後世。那麼，佛像、寺廟、出家人或者在家的居士，也是重點，但是沒有那麼重要，一切的一切都圍繞著經典。其實，老師比釋迦牟尼佛幸運，他在世的時候，自己可以主導，出版自己的講課紀錄，或者自寫的書。在他走後，只有一兩本書尚未出版，但大部分已經集結完成了，而尚未出版的這一兩本書，也是他親自寫或親自審查完稿的。這是比釋迦牟尼佛幸運的地方，也可以說是高明的地方，因爲提前集結了，而且經過他本人的認可，認定過了。而佛經後來的結集，有好幾次，爭議很多，因爲佛陀不在場，無法給予最權威的認定。這是講傳承的核心是經典、著作。

傳承的另一重要方面是著作的推廣。老師出版的著作，從臺灣開始，到香港，到大陸，幾十年來沒有做過宣傳，沒有做過廣告，完全是靠讀者自己的口碑，老師也不接受任何形式的記者採訪，根本就沒有去推廣，可是不脛而走，讀者滿天下。他的書在市場上是暢銷書、長銷書，幾十年了，一直如此。未來呢？我想還是會一樣。所以，推廣著作不是問題，天下人自然會推廣。

開始的時候，我以爲只有老一代的人會喜歡老師的書，後來發現年輕人也是一樣，現在十幾歲的孩子、二十幾歲的人，一直到九十幾歲的人，各個年齡段都有老師著作的讀者。我看將來也會是這樣。所以不用擔心傳承，天下人自會傳承。當然，我們也是天下人之一，每人自己有多少能力、有多少心力，只要各盡所能就好了。我們十分幸運，平時親近老師多些，感受老師的身教很多，但是，各人能夠從中成長多少，就要看自己的智慧了。有緣親近老師，是我們的幸運。

其實，這次老師給大家上了最成功的一次課，他用整個身體的變化，和最後所有的過程，在這麼短的時間內，牽動了這麼多人的心，不光是中國，還有國際上的華人朋友和外國朋友，他這次的課，受眾範圍最廣，觸動大家最深，無數人在這個過程之中，反思、反省，甚至懺悔、發願，要改變自己，要做功德，大有人在，太多了。看了「懷師」網頁的文章、留言，很感人，很多真讓人佩服。而這些文章、留言，絕大部分是我們不認識的人寫下的。所以說，天下人自然會傳播老師的學問和教化。

老師一直說他反對門戶、門派之見，沒有一個什麼「南門」的觀念。有人提出來說，南門如何，南門弟子如何。其實，老師一直是反對這些觀念的，他一直強調，道是天下的公道。他一生的學問，是來自於讀古今中外一切經典書籍，以及他一生的經歷，跟一切人從一切事中學到的東西，所以才能如此淵博，而且不困於書生氣上。如果困於門戶門派之見，那就太有限了。所以，老師深惡痛絕門戶之見。他曾引用過這樣一句話：「佛教徒是釋迦牟尼佛的罪人，道士是老莊的罪人，儒生是孔孟的罪人……」一旦設立了門戶，他的學生一代代傳承下去，難免把自己的意思加在前人身上，或者把前人神話、偶像化，就會導致曲解、誤解、歪曲、誤導，直至失敗。

再說，歷史上諸子百家中任何一個大家，他說過要開一個宗派嗎？孔子說過「我是儒家」嗎？老子說過「我是道家」嗎？都沒有，這都是後人加上去的，所有的聖賢，他們皆海納百川，沒有門戶之見，所謂「君子不器」，沒有邊界的，這樣才能成其大。老師也沒有什麼「南門」、「南學」等等觀念，這些觀念都太狹隘了。真正的聖人，他的胸懷，他的學問，是沒有邊際的；沒有設定門戶，也沒有設定學生和非學生的界限。天下人願意讀他的書的，願意接受他教化的，都是他的學生。他說一個人如果不尊師重道，那是混蛋。可是，如果把自己當做老師，那是自己昏了頭。聽到有人在外面以他的學生、弟子爲名招搖，老師反覆講他沒有一個學生。聽到有人在外聲稱是他的關門弟子，他聽了笑說自己從未開過門，何來關門弟子。老師對學生定的標準非常之高，可以說無人能及。同時，老師也非常謙虛，與大家都是朋友，他永遠不居於師位，而是永遠處於學人之位，向一切人學習，也聲明不要把他和他的學問當做標準。他說誰有心得，誰心裏清楚，不必搞形式上的師生這一套，這些俗套後患不少。

所以，我覺得不用擔心傳承問題、門戶問題，倒是大家要借這個機會好好地用功，好好地自我反省，好好地成長，這樣老師這一課就更有效果了。大家一時難過的情緒，也許會持續一兩個月，或者是一年、兩年，悲傷不捨，但是情緒過去之後呢？大家是不是照舊該混的混，該玩的玩？如果還是舊習氣在主導我們的心，悲傷與懷念又有什麼用？我們有緣親近老師，他的身教我們接觸得最多，所以，我們更應該先把自己做人做事的修養做好，否則談不上傳承。

老師自己已經努力了七八十年，在他八十三歲的時候定了這一塊土地要蓋太湖大學堂，然後親自設計、大興土木、操心工程，然後八十九歲正式開學，講學不輟，每天做事至少十幾個小時，應對出家在家各種人、各種事，數十年如一日，古今中外有這樣的人嗎？這麼大的年紀，這一份宏願，這個雄心壯志，還大辦教育！然後在他九十一歲的時候創辦了這個實驗小學。八九十歲還能講課的人，已經很難找到了，有人來上海聽課的時候會說，他認爲這個年紀的人不可能會講課，結果看到老師還跟年輕人一樣，覺得非常不可思議。這六年之間他講了太多的課啊！還有每天晚上茶餘飯後，跟客人或者學生聊天的時候，其實都是在上課。他有時候會針砭一下客人，都在影響人，來的這些人不管是什麼階層，什麼地位，很多是各界的菁英，對他們來說，老師的影響是一年半年，甚至更長的時間。他們的一點改變，會影響很多人。老師是隨時在做教育，隨時嚴格要求自己。

譬如老師要抽菸，我們要幫他點菸都不可以，他走路拿著包包，我們要幫他拿也不可以，他不要任何人侍候的，這就是身教。至於言教，很多平常的談話也是傳道，這是我們的幸運，有這樣的因緣親近他。但是我們改變了多少呢？那是我們自己的事了。總之，回憶過去他的身教言傳，反省自己，去改變自己的習氣，是向老師學習的最起碼著眼點。譬如老師最重要的著作，是他自己所寫的《禪海蠡測》，那是他智慧的結晶，可是他爲什麼強調《論語別裁》、《大學微言》這些著作呢？《論語別裁》側重在做人做事上，做人做事本身就是習氣轉變的過程，也是習氣暴露的過程，理論講得再好也沒有用，重點是你做人做事時的反應，才是最關鍵的，教育的核心在這裏，教育的瓶頸也在這裏，轉變自己的習氣、開發本有的智慧是教育最核心的目標，但也是教育最無能爲力的地方，不管是聖人還是普通人，道理都是一樣的。教知識和技術是容易的，但是改變習氣、開發智慧就太困難了，那個要靠自己。自己不自覺改變，一百個釋迦牟尼和孔子在身邊也沒用。

老師用自己的身教言傳去啓發大家，但是，真正的改變來自於每個人的自覺，自己的反省。釋迦牟尼佛在世的時候，他所教化有成就的人不過是一小部分，所以說，聖人不能改變所有的人，實話說，沒有人改變了誰，只能是影響。根本上，只有自己改變自己。所以要談傳承，先從改變自己的習氣入手，否則不要談傳承。

天下的人爲什麼那麼感念老師呢？這些天來有多少沒有見過面的人，爲老師而流淚，一個人在短時間內牽動億萬人的心，這靠的是什麼？靠所謂的學術嗎？或者靠新聞媒體的宣傳嗎？都不是。那是他的教化，打動了人們的心，不同程度啓發了、改變了人們的內心，感動了大家。大家發自肺腑地留這些言，寫這些文章。我甚至有這樣的體會，老師真正地改變了時代與歷史，未來因爲他的啓發而改變的人，會越來越多，認識到中國文化的人也會越來越多。

的確，老師三教百家融會貫通，推動東西方精華文化融合，真可謂前無古人。

老師二十六歲在峨眉山請普賢菩薩作證，發宏誓願，重續中國文化斷層，然後他跳到歷史的洪流裏面，去做中流砥柱。他爲了歷史文化的接續、重整與人才培養，七十年來篳路藍縷，卻苦心孤詣，義無反顧，不惜犧牲全部身家性命，數十年如一日地精進努力，不休不歇，自奉甚簡，自律甚嚴，如苦行僧。而這一切，都圍繞著他當初所發的宏願，圍繞著這件歷史文化的大事因緣。他在臺灣的時候，曾不惜舉債來弘揚傳統文化，推動東西精華文化融合，甚至供養窮學生們生活，讓這些出家在家的窮學生們專心用功。試問，誰有這樣的氣概與擔當？誰又能理解他的苦心呢？

處在這個文化斷層的時代，老師可以說是力挽狂瀾。到了臺灣之後，他講學不輟，攝受三教九流各界各階層。在內地發動「文革」伊始，他受邀在臺灣海陸空三軍演講，蔣介石先生聽了他的演講之後，決定成立文化復興推動委員會，團結了大批中國文化的學者，包括錢穆等人，一起努力把中國文化做了保留。

八十年代後期，老師的書逐漸進入內地，有力地推動了內地三教九流各界各階層對傳統文化的學習興趣。沒有任何人可以像他的書那樣，引起大家對傳統文化的共鳴和學習興趣。他對中國文化的闡述，確實又開啓另外一個前無古人的局面，使大眾對中國文化有了認識，這是古代沒有的。因爲古代民眾是活在中國文化的氛圍中，但是並不知道傳統文化究竟是什麼，只有知識分子知道，但是知識分子是少數，是跟群眾脫節的。而且，大部分知識分子困在學術教條上，與實際脫節。

孔子說，「道不遠人，人之爲道而遠人，不可以爲道。」老師的課與著述貫穿著生命與生活的真知灼見，貫穿著「道」力與人格力量，並且表述深入淺出，透著親和力，因而容易溝通讀者的心，可以攝受三教九流，任何人都能接受一部分，能夠知道瞭解一部分，雖然不能全面地掌握，但是心嚮往之。由此使得中國傳統文化的種子，遍撒兩岸四地華人世界，在華人各界各階層人們的心中，逐漸生根、發芽、開花，乃至結果。因此說，中國傳統文化，由此具備了較爲廣泛的人群基礎，而且未來的華人也一定會傳承下去的，並會融入西方文化中的精華，爲未來人類的福祉做出貢獻。以後誰再試圖像二十世紀初那樣腰斬中國文化，恐怕很難做到了。當然，這種企圖並不是沒有。

老師從在峨眉山發宏誓願，到今年中秋，首尾七十年，篳路藍縷，卻矢志不移，行人之所難行，忍人之所難忍，不折不扣地實踐著諾言，也終於完成了他的歷史使命，功德圓滿如今年仲秋之月。

老師乃是一個點燈的人，他來這個世上，是希望能夠點亮越來越多人的心燈。他從來沒有休假，他現在請了一個長假，接下來就靠大家去點亮自己的這盞心燈。把自己這一盞燈點亮了，自然會照亮周圍的世界。這也是對老師最好的懷念和傳承。

迷途遇南師，始得真信念

——跟隨老師確立信念範式之路

呂松濤

（呂松濤，上海綠谷集團董事長。）

時光荏苒，轉眼老師走了已有一年，此刻回想在老師門下參學的點點滴滴，不禁悵然。如果沒有與老師的這段殊勝因緣，我可能無法走出事業的泥淖，一事無成。也正是得遇老師的點化，才讓我最終確立了自己的信念範式，將探索生命奧秘作爲此生之桿。

一、回首商路——尋找生命之本

商海浮沉十餘年，有成功，有失敗，卻不知自己生命之本何在？還記得初次見老師，我說：「老師，這個時代變化太快，隨機應變太累。」老師笑著點頭默許，然後說道：「你沒有找到以不變應萬變的『一』，當然你現在也聽不懂。」老師這一句話已經點中了我心中的最要害處。老師又說：「你有沒有堅信的東西？」我說：「沒有。」老師說：「你沒有人生的宗旨和綱領，當然只能在紅塵裏亂滾。」我聽後茫然。之後反思自己爲什麼總是成功、失敗，又成功、又失敗，發現以往所有的出發點都是爲了個人的生存，心中既無殷殷救世的悲憫情懷，又無氣吞天下的雄才大略，亦談不上「內聖」（內賊）和「外王」（外霸），只是把前人謀略智計，作爲立身之具，如同秋溪無源，浮萍無根一樣，怎能長久?!可以說，遇見老師之前，我的事業遠離人生宗旨，前半生走了一個繞離自己生命之本的彎路，以致荊棘滿叢，步履蹣跚。

二、殊勝因緣——找到信念範式

我人生中最大的因緣是遇見老師。數年來，老師總是以慈悲的心懷指點與加持我，讓我順利走過了人生最困難的道路。尤其是二〇〇八年前後幾年對我而言，事業上驚濤駭浪，跌宕起伏；心靈上茫然無措，困惑無比。這兩者之間又相互纏繞，痛苦異常，在老師處參悟學習，最終讓我走了出來。

記得二〇〇九年年底，遵從老師指令，在大學堂禪房中閉關，六天不出門，不講話，不看書，不對外聯繫。老師寫了一句指導：「洗心退藏於密。」又說了四個字：「澄心靜慮。」那幾天自己就像一杯渾水靜靜放著，慢慢沉澱至淨水出現，以傾聽自己心底的聲音，看清生命的本質。

青少年時，我就崇尚張載的「爲天地立心，爲生民立命，爲往聖繼絕學，爲萬世開太平」，努力尋求改造這個世界。特別是把「欲動天下之事，先動天下之心」作爲原則。曾有很多醫藥界的老朋友常問我，下一步要做什麼？我亦常問自己，到底該做什麼。

那六天中，我在一個無思無想的狀態下，在心裏的最「密」處傾聽。前四天都還是茫然無著落。到了第五天，我在想，若把現今所有的相關因素拋開，沒有錢，沒有事業，沒有朋友，沒有現有的人生軌道，我到底要做什麼？一個清晰、明白、簡潔而又輕鬆的答案浮出水面：還是我的原來！「欲動天下之事，先動天下之心」！老師教我參話頭：「洗心退藏於密」，大概那個「密」就是能夠一一流出智慧、激情、無緣之慈、同體大悲，能夠蓋天蓋地的本體吧。左右我前半生的，只不過是一條「含而不露」的鐵律，這亦應是「天曉不露，夜半正明」了。

經過這幾年跟隨老師的學習，經過十幾年來做醫療產業的教訓，經過前半生不斷的參究，我終於找到了自己的信念範式，找到一輩子爲之奮鬥的人生「大球」。這個「大球」的核心就是探索生命奧秘！通過以佛法爲核心的東方文化的繼承，融合現代生命科學和認知科學，研製爲人類身心健康的綜合方案，通過教育和推廣，創造人類幸福生活。

我過去把推動中醫藥作爲我心中的大球，自認爲有點微薄的貢獻，但中醫藥沒有涵蓋生命的全部。東方文化（儒釋道）對生命的探索，是極爲博大精深的。生命科學亦不應僅僅是生理科學，應涵蓋心理、靈魂的層次。只有拋下偏見，博採眾長，才能洞察生命的全貌。因此，探索生命奧秘，發展更完整意義上的生命科學，提升生命品質，是爲人生宗旨。

雖然以上所說還不完備，但我已明晰未來的宗旨，找到人生的信念範式。

三、識真立本——確立範式圖

信念範式就像燈塔，指明了我人生和事業的方向。在信念範式的指引下，我又開始慢慢尋找範式圖。範式圖一旦確立，就像一棟大樓的設計圖紙出來，則建築材料頓時有序，缺多少鋼筋，多少水泥，都可以計算了。

探索生命奧秘的範式圖究竟是什麼？如何融合現代科學把它揭示出來？這些年我一直在思考，特別是接觸到人體光學儀器，引發了我對生命科學的重新理解。

生命的模型是由三部分構成：色身、心理及靈魂。對生命闡釋最到位的是佛法，宏大、系統、完整。世間學問的宗旨，都想闡明生命為何物，唯有佛法才深得其妙，特別是老師宣導的唯有真修實證才能如實領悟生命的真諦。

當然，生命極爲複雜，現有科技不能完全滿足，但總要有開始。我們正在開發的中醫四診儀、美國人開發的光學儀器、德國人開發的傳耳電針等，都是不同嘗試。如何以佛法爲指導，設計理論框架，融入文化的精華，以探索生命奧秘爲核心，把科技與文化對接，是世界文化工程的一項重大命題，也是推動文化、醫療、教育的槓桿。如果思路進一步拓寬，開發成一個整體生命檢測系統，我相信對推動世界文化將有重要作用。老師晚年致力於東方文化詮釋生命科學，生命檢測系統的構建也是爲了實現他的心願。

我把這個整體檢測稱爲「生命全息檢測系統」，把生命科學和認知科學統一起來，像《金剛經》裏有一個概念「一合相」一樣，從而對文化教育事業有一個全新的詮釋。最近，我們成立了一個生命科學院，打算在生命科學實修實證的基礎上，全面進行生命檢測系統的研究和開發工作，由此推動古今中外文化的徹底溝通和交融，讓每一個眾生都將以自由的心智去接受宇宙生命的實相，撥亂反正，心物一元，恢復生命本來至善無恙的健康狀態。只要肯發心做事，我相信無事不辦。

大多數人的一生起起伏伏，就像一個上下波動的正弦曲線，究其原因，是沒有找到自己生命的根本；人生只是追逐一個又一個機會，就像站在浮冰上一樣，浮冰融化，隨之產生一次挫折，真是緣起性空。自己始終生活在各種緣起中，生活在各種機會的前提中，而任何有前提的存在都不是真正的存在，整個生命就是空洞的。生命就像背後有一隻看不見的手在左右，如同價格圍繞價值波動一樣；信念範式一旦確立，就找到了生命的靈魂，找到了生命的指南針，就可以萬法歸一，又可一生萬法了，亦是找到生命的永動機。就像一粒核桃，如果沒有核桃仁只有殼，則不能存活，信念範式就是生命的「核桃仁」。真正的生命有了人生的源頭活水，就可以「性空緣起」了，一切的機會都是善緣，生命就有了自覺，有了無盡的活力，進而才能無爲駕馭有爲。老師有一次在我報告中批示「了心不易」。信念範式就是老師給我安的「心」，給我這顆核桃安了「仁」；本立則道生，範式圖則是有爲法的路徑，則可大踏步前進了。

老師的智慧永遠是我成長的加速器，有了方向就不怕路遠。

南懷瑾致力的事業：重續中國文化之根

彼得・聖吉

（彼得・聖吉，美國管理學大師、《第五項修煉》作者。）

中國文化大師南懷瑾先生已經駕鶴西去。爲了悼念南先生，他的學生彼得・聖吉先生專程來華，表示要繼續南先生未竟的事業。究竟是什麼讓東西方兩位大師結爲師生之緣？這位拜師十五年之久的西方學生向老師究竟學到了什麼？他的收穫對我們有何啓迪？請看彼得・聖吉與他的老朋友、中央黨校報刊社常務副總編輯鐘國興先生的對話。

爲什麼做南懷瑾的學生

鐘國興：

去年您和我說過，今年約我一起去拜訪南懷瑾先生，我一直想著這件事。沒想到南先生忽然離我們而去，這讓我感到非常遺憾。您作爲一個西方的學習型組織宣導者，是因爲什麼機緣認識南先生這位中國的國學大師的？

彼得・聖吉：

我和南懷瑾先生是一九九五年在香港通過一位臺灣的朋友介紹相識的，這位臺灣的朋友是系統動力學的教授。一九九七年，我參加了南先生的靜思活動，這是一次非常特殊的活動，因爲在南先生那裏這是第一次通過翻譯來展開的靜思。記得當時有人不理解，問南先生爲什麼要專門爲我增加翻譯環節，南先生說：「因爲我上輩子欠他的。」

鐘國興：

老先生智慧而且幽默。您和南先生的師生關係，以及深厚的情誼從此建立起來了。記得您說過每年都和南先生見面，這讓許多人都「羨慕嫉妒恨」啊。您被稱爲「學習型組織理論之父」，而且，被美國《商業週刊》評爲「有史以來世界十大管理大師」之一，從名聲來說比南先生還輝煌，從影響力來說比南先生還大。那麼您對南先生爲什麼那麼尊敬，甘當他的學生？

彼得．聖吉：

一九九七年六月，我和南先生展開了第一次深度交流，開始認識他的很多學生。他的學生是非常多元化的，來自社會各界，他們都是真正的實踐者。我欣賞南先生的原因，在於南先生對中國儒、釋、道文化的研究非常深厚，對這個世界的事情瞭解很深。我和南先生的談話，奇妙之處在於，我們所交流的不同話題是隨意流動的，在這個過程中，你會發現我們既是和深刻的傳統思想，又是和當下的一切聯繫非常緊密。其實，對於我和南先生的交往最重要的原因就在於，南先生對於人類的發展與成長的深度關注和他的思考對當下世界的緊密聯繫。從一九九七年的靜思活動開始，我基本上每年至少要見南先生一次，在過去的七八年裏，我每年要見他兩次。我們之間通過信件也有來往，我也會寫一些報告心得，他也會回覆我。南先生在香港的時候，我去過，後來他搬到上海，我就去上海拜訪他。在上海的時候，我們就開始了太湖大學堂的籌畫，我也去過當時的場地，參與了設計。

鐘國興：在對人類命運的深度關懷和對當下世界的關注上，您和南先生是非常一致的。除此之外，您成爲他的學生還有別的原因嗎？

彼得．聖吉：其實我找到南老師不是偶然的，我最初開始修禪是我在上大學的時候。我是在洛杉磯長大的，我在那兒最好的朋友是日本人，所以，我和東方文明的接觸有很長很長的時間。東方文明中的印度文明、中國文明、日本文明等，我覺得這些文明是相通的、相互依賴的。我一開始對生意、對商業組織感興趣，原因就是商業組織非常關鍵的就是思考相互間依賴的關係和生存的動力。

那麼，我們再回頭去看這段經歷，那就是讓我在看我最感興趣的問題時看得清楚了很多。爲什麼人類那麼困惑？真要從根本上解決這些困惑的話，什麼樣的事情必須發生？這些更深層的、更本源的問題是如何在我們社會的其他組織裏反映和暴露出來的，比如企業組織、教育組織？

我們現在再去看南老師的這些著作，他的早期著作其實很艱深，不太容易讀懂，因爲這些都是從他過去三十年的修煉中形成的。但是，隨著時間的演進，他最近十年和十五年的寫作，更多的是和儒家和孔子相結合。我想他是試圖通過這種努力來告訴中國人，儒家學說本身就是一個修煉，它不僅僅是關於制度規則行爲的內容，它本身就是一個修煉。同時也告訴大家，一個社會的不同組織究竟應該是什麼樣子的，應該是如何組成的，這包括商業組織、教育組織，還有其他組織。

尋求解決心靈問題之道

鐘國興：

我知道您的漢語水準只會說「謝謝」和「再見」，但是，我知道您在南先生的影響下對東方文化有了很深的理解。

彼得・聖吉：

中國文化讓我覺得最神奇的地方，比如說道家的學說，道家是講人和自然的關係，是講人和自然的能量；還有佛教的這種根本之討論，人的覺悟；在這兩個學說中間，還有一個儒家的學說，探討的就是我們如何去生活。所以，在討論太湖這個地方應該叫什麼的時候，大家有各種各樣的想法，很多人說應該把它建成南懷瑾中心，南老師說不行。最後把它叫做大學堂，實際上就是想昭示他的一個想法，他的工作最重要的一個地方也在於此，就是把儒釋道如何融合起來，最終探討的是我們如何生活。所以很顯然，對於我來說，在整個世界裏，沒有人能像南老師那樣成爲我的老師。我在這個世界上可以找到很多與宗教聯繫相關的大師，但是，他們都不會像南老師這樣對於當代世界有這麼深度的聯繫。我可以在商業界找到很多在管理方面很有研究的人，但是他們對於人類、對於人的意識也沒有這麼深入的理解。

鐘國興：

中國的文化中儒釋道都有終極關懷精神，但是側重點不同，把它們打通，讓他們融合，在現代社會中進行解讀，從而在深層次上影響人心和社會，這是一項令人崇敬的事業。

彼得・聖吉：

所以我剛才講的是從我的體會來說的。如果超越我的角度去想這個事，我的感覺是這個世界必須在人的意識上有深層的變化，這個世界才能產生變化，但同時這個世界的不同組織機構也必須發生變化，這兩個系統必須同時變化，光是意識的變化是不夠的。比如管理商業組織，就像我在《第五項修煉》裏面講的，組織處於現在的行爲，就是因爲我們每個人是現在的這樣一個行爲狀態。有很多書都講了如何提升管理的效率和效益，但是這些書和研究很少涉及我們如何產生真正的意識的角度。這就是爲什麼沒有什麼真正的變化產生。我們僅僅是效率上的提高，我們有一些新的改善的方法，但是，從來都沒有真正接觸到這種變化的核心。南老師曾經和我說過，中國沒有企業家。

鐘國興：

他老人家爲什麼說中國沒有企業家，我們的社會可是把搞企業的都叫做企業家啊！

彼得・聖吉：

我就問他，您這麼說是什麼意思？中國應該有上百萬的企業家啊。他說，不是這樣的，那些人只是希望掙很多錢的人。在中國的傳統文明裏，企業家是要去改善社會的。當然，我們可以寫好多書去探討，怎麼去提高效率，怎麼去融資，怎麼去把企業管理好，但是，如果我們不談做企業的本意，不談做企業的精神，什麼都不會改變。

鐘國興：

說得太對了，不管是什麼家，都要有擔當，沒有擔當只是一個層次較低的人，而不是「家」，更說不上是「大家」。

彼得・聖吉：

我們有這樣的習慣，看這個世界總是把它看成是一大堆分散和分類的個人。今天，我們在做IDEALS項目最終的總結的時候，有三十多人在場，裏面有市長，有其他政府官員，還有一些企業的領導者，他們都說這個專案最重要的就是大家一起營造出來的氣氛。他們中有很多人說，我們互相都是老師。他們很多都問了很多很深的個人的問題，很多人都說他們在其他的場合和其他做生意的人都不會談這個問題，因爲這些問題都很個人，都很深。在這裏面大家都注意到了一種精神上的變化。當然，在過去的四五個月裏面，他們也做過這樣的靜思，但是，IDEALS專案的目的是挑戰他們作爲企業領導和領導者的能力。這個部分一直就是我們工作的核心，就是人們從內心當中的變化，然後在他們的日常工作當中產生變化。

怎樣成為一個好的領導者

鍾國興：

要營造一種「場」或者一種氛圍，首先要改變心靈，特別是改變自己的內心世界。這讓我想起我們黨內經常說的一句話：在改造客觀世界的同時，必須改造主觀世界。

彼得・聖吉：

這也是南老師曾經說過好多次的話：你要想成爲一個領導人，你首先要是一個人。如果說我從南老師那裏得到什麼，在管理上得到什麼，那就是如果你想成爲一個企業的領導，你就要完全地、徹底地、毫不猶豫地關注你作爲一個人的成長。要做到這一點，你必須把你的修煉和你每天的工作緊密聯繫在一起，每天都聯繫起來，不管是學校、企業還是政府，這是一件非常艱難的事情。所以大家會問，如何把這些聯繫在一起呢？

其實，在討論當中，他們已經給出了很多這樣的問題，就是如何把他們自己內心產生的這種變化真正和他們每天的工作聯繫在一起。他們討論如何在工作中能用一種更深層次的欣賞去傾聽，他們說到開始學會欣賞和感謝周圍的人，特別是他們的員工。這就是我從南老師那裏學的第一件事，做管理這件事就是教化自己的實踐。當你是一個老師，或者其他的管理人員的時候，你對別人的生活有著巨大的影響。你意識到這一點了嗎？大多數人沒有意識到。大家都把注意力放在做事上，放在新產品上，放在需要教的課程上，忘記了實際上他們是在跟人打交道，尤其是他們忘記了如果從人的角度出發去做這件事，可以產生非常積極和良好的影響。你可以把它說成管理上的精神，我覺得這個就是儒家學說的核心。

鐘國興：

這是我聽到的一個學習型組織專家對儒家學說的解讀，您的解讀應該對於中國的企業家和領導幹部有獨到的啓示。看來東西方文化的結合和融會太有必要了。

彼得．聖吉：

是的。在我和南老師的關係當中另外一個很重要的方面，就是這個世界。我在這些年中總是追問他關於中國的傳統文化，中國的事情。他會跟我說，你的工作不是中國，你的工作是這個世界。我在有的地方看到，他在二十世紀七十年代寫道，中西方的交往如何去改善文化之間的彼此欣賞。我一直覺得他的工作有兩個最基本的方面，首先他的工作是和中國有關。上周他的學生宏達講到爲什麼南老師是一個在中國歷史上非常重要的人物，他談到南老師寫了很多很多書，而且，很多很多人可以讀到這些書。南老師在做這些事的時候，正好是中國文化的根被切斷的時候，我想這就是南老師工作的目的，讓中國的文化重新能夠生根。

重續中國文化之根

鐘國興：
讓中國文化重新生根，聽到這句話以後，讓我的心底裏有一種震撼。特別是從一個外國朋友的口中說出，對不起，我的眼睛有些濕潤了。您接著講。

彼得・聖吉：
在過去兩百年當中，中國在文化根源上面臨三個挑戰：第一個挑戰就是西方列強對於中國的入侵，使中國變成了一個半殖民地的國家，在所有的地方，一個半殖民地國家最嚴重的事情就是半殖民地的人民覺得自己是劣等人。第二個挑戰就是二戰結束之後二三十年的時間，爲了徹底消滅中國階級的差別，徹底破壞了中國的文化。第三個挑戰，我認爲對中國的根本威脅最大的就是今天，是消費主義，是全球的現代化。這樣的過程就是建立在人們對於物質享樂的追求上。我看到南老師工作的目的，就是想幫助人們保留、保護這個根，然後重新建立這個根，尤其是面對正在進行和發生的這個威脅的情況下。

鍾國興：

重新建根，何其重要，又談何容易啊！對於中國來說，要怎麼來做呢？

彼得・聖吉：

我們剛才說的重新建立根的這樣一個過程，需要在全球社會的這樣一個環境中進行，這也是南老師努力的一個重要方面。我個人的觀點是，對於中國來說，首要的問題是，我們對世界的貢獻是什麼，我們如何能夠對所有的人類生命，包括地球上所有的生命做出最大的貢獻。我和您也討論過這個問題，從鄧小平時代開始，大家關注的地方就是我們怎麼可以做出點東西來，我們怎麼進入世貿組織，我們怎麼能夠成爲經濟和政治上強大的國家，這個事情已經一直在做了。現在的問題是，我們和我們的文化如何能夠爲全世界做出貢獻。當然，這不是要讓全世界的人都變成儒教的信仰者，而是從我們的文化出發，從儒教、道教、佛教出發，如何能夠讓全世界的人都有更好的生活。所以爲什麼南老師會收我這個外國人做學生，我想他就是覺得他的努力不僅僅和中國有關，也是和世界有關。

鍾國興：

「我們的文化」，從您的表達方式上可以感受到您對中國文化的認同和感情。這讓我們爲中國文化感到自豪，也讓我們對中國文化的深層魅力體悟不夠而感到慚愧。您接著談南老師努力做的事情。

彼得・聖吉：

南老師還有一個很重要的感興趣研究的方向，大家其實不太關注，那就是科學。奧托先生在一九九九年的時候因爲他做了一次訪華，他問南老師說，我們是不是處在一個新的精神時代的開始？南老師說，是這樣的，但是這個新的精神時代和過去的精神時代不同，因爲它會是一種融合，是過去的傳統精神與科學的融合。因爲在二十世紀的科學裏面有很多很重要的洞察，其實，到了今天還沒有被充分地瞭解。更加神秘的其實就是我們的生命，宇宙中最偉大的能量就是生命的能量，生命的能量也就是中國傳統文化當中說的「氣」。南老師曾經跟我談到過，他認爲這個世界上所有的不同能量的形式，動力的、重力的、電磁力的，強相互作用、弱相互作用，所有的這些都是物理的，都是有限的，宇宙中真正無限的能量形式就是生命的能量形式。他也談到，當人類真正理解了生命的能量，人類本身就會發生變化。

鐘國興：

因爲您的時間安排，我們的對話必須結束了。能否簡單地對您所講的做個總結？

彼得・聖吉：

好。南老師讓我們看到應該共同去關注的，是人的發展、人的成長和人的淨化，再有就是我們當代的世界，人的意識與物理世界的融合、人的心與世界的重新融合。

（此文為中共中央黨校報刊總社常務副社長鐘興國與彼得・聖吉對話，二〇一二年十一月十五日發表於《學習時報》，戴菁整理。轉摘於《人民網》。）

生命的安立

葉小文

（葉小文，前中共國家宗教局局長、教授。）

知道南懷瑾先生是著名的文化大家、國學大師，他的著述涵蓋儒、佛、道及諸子百家。他能立足時代科學精神，將古老的中國傳統文化推進到一個新的文化層面，開拓新的學術視野。

但說實話，在這個忙碌的速食文化流行的年代，我還真沒來得及安靜地坐下來，認真地讀完他的一本書。就像南老所憂慮的，「當年我讀《四書五經》，都是要背的。小朋友們要放學了，心裏高興，一邊嘴裏唱著一邊你推我一下，我推你一把的。這樣讀書，心裏會記住，一輩子忘不了。想起來的時候心裏默念一下，其中的道理就又琢磨了一回。」哲人其萎，其言由存，在南老面前，我其實不如當年的「小朋友」啊。

大概由於我長期從事宗教工作，南老托人帶話，盼與我一見。於是，二〇〇五年年底，我專程去太湖大學堂拜訪他。初次見面，卻也似曾相識，並無老幼尊卑的分隔，直言不諱，相談甚歡。南老開門見山就問，你當了十多年宗教局長，對宗教有何心得？我說，宗教其實也是一種生命觀，基督教講「永生天堂」，伊斯蘭教講「再生天園」，佛教講「無生涅槃」，道教講「長生自然」，在在離不開一個「生」字。

南老一笑，未置可否。我便心裏打鼓，是否班門弄斧，失之淺薄啊？次年，我收到南老的來信。信中說，他立志「以傳統書院之傳習爲基礎，配合現代前沿科技研究方法，希望綜合同志者之力，發掘固有傳統文化之精華，在認知科學、生命科學主流方向上有所貢獻，以冀爲人類文化之前行，探尋一條正途」。原來南老的思慮與抱負，並不限於宗教的生命觀，而是志在「爲生民立命，爲往聖繼絕學，爲萬世開太平」！

以後我再去看南老，就更親熱了。一次，南老帶我去看他的藥房，講解他親自配置的大概可以醫多種病症的奇妙的藥丸；擺一桌家常菜，看著我大吃大嚼；甚至和我嬉笑，開心得像一個孩子。

後來才知道，南老也不是對我偏愛，而是「友天下士，讀世間書」，頗具古俠義之風。常是「座上客常滿，樽中酒不空」，凡來訪賓客，無論男女老幼，地位高低，均留下就餐。凡好酒好菜統統用來招待客人，常常席開四五桌，先生自己則幾十年如一日，午、晚兩餐，各吃一碗紅薯稀飯，各色菜肴僅淺嘗而已，酒幾乎是點滴不沾。

我知南老儒釋道皆通，「佛爲心，道爲骨，儒爲表，大度看世界；技在手，能在身，思在腦，從容過生活」，便以「儒釋道相通之要義何在」爲題，向他請教。

南老卻反問，你考我啊？你怎麼看呢？

在這個平易近人、不端架子的大學問家面前，我也就「童言無忌」，「拋磚引玉」了。我說：現代化使人們的物質生活水準普遍提高，可精神世界卻缺少了關照。現代的人們擁擠在高節奏、充滿誘惑的現代生活中，人心浮動，沒有片刻安寧。欲望在吞噬理想，多變在動搖信念，心靈、精神、信仰在被物化、被拋棄。大家好像得了一種「迷心逐物」的現代病。如果失落了對自身存在意義的終極關切，人，靠什麼安身立命？

安身立命即「生命的安立」，作爲中國文化的傳統話題，不僅是儒家的追求，也是儒釋道的通義。這一話題可演繹爲關於生命的三條約定：

熱愛生命，追求幸福——這是安身立命的基本約定，也是今天現代化的動力；

尊重生命，道德約束——這是追求幸福的集體約定；

敬畏生命，終極關切——這是追求幸福的未來約定。

現代化和市場經濟不斷放大、滿足著安身立命的基本約定，但也難免刺激、放任個體對物質享受的過度追求，不斷洗刷甚至消解追求幸福的集體約定和未來約定。於是，「天下熙熙皆爲利來，天下攘攘皆爲利往」，近利遠親、見利忘義、唯利是圖、損人利己，甚至「要錢不要命」的道德失範現象，反而在促進生活提高、人類進步的現代化浪潮中沉渣泛起。

「人，在發覺診治身體的藥石業已無效時，才能急著找出診治心靈的藥方。」例如，儒釋道三家都贊成「孝道」。繼承和弘揚孝文化之合理內核，有助於找回尊重生命、敬畏生命這兩條約定，治療「迷心逐物」的現代病。

孝的本質之一是「生命的互相尊重」。孝文化所宣導的「善事雙親」、「敬養父母」、「老吾老以及人之老」，不僅要求我們尊重自己父母的生命，也要尊重、關愛他人的生命，從而擴展爲對上孝敬、對下孝慈、對親友孝悌、對國家孝忠，將「親其親、長其長」的家人之孝昇華爲「助天下人愛其所愛」的大愛。

孝的本質之二是「敬畏」。人不應敬畏鬼神，但不能沒有敬畏之心。宗教的原理是敬畏神，孝文化的原理是敬畏人——敬畏父母、敬畏長輩、敬畏祖先，「家有近祖，族有宗祖，慎終追遠，直至始祖」。如果說金錢、利益可以洗刷和消解人倫道德，誘使民德「變薄」，那麼，「慎終追遠則民德歸厚矣」。

經濟學鼻祖亞當・斯密寫過《國富論》，也寫過《道德情操論》，意在市場經濟必須有道德約束。但如何在市場經濟條件下克服「迷心逐物」的現代病，喚回人們對生命的尊重和敬畏，始終是一道未解的難題。今天，我們正多方努力，樹立和踐行社會主義核心價值體系。不妨打開視野，有容乃大，包括回首孝文化，肅清其附著的污泥濁水，找出其相通之普遍價值，發掘其適應社會主義市場經濟發展與和諧社會建設需要的可用功能。愛鄉方愛國，盡孝常盡忠，「身修而後家齊，家齊而後國治，國治而後天下平」。

我講了這許多，南老都耐心地聽著，還不時點頭稱許。等我說完，南老畫龍點睛了：我們今天所處的時代，是最好的時代，也是最壞的時代。

說好，西方文化的貢獻，促進了物質文明的發達，這在表面上來看，可以說是幸福；說壞，是指人們為了生存的競爭而忙碌，為了戰爭的毀滅而惶恐，為了欲海的難填而煩惱，在精神上，是最痛苦的。在這物質文明發達和精神生活貧乏的尖銳對比下，人類正面臨著一個新的危機。今天的世界惟科技馬首是瞻，人格涵養沒有了，都是亂得不成器的，教育只是販賣知識，這是根本亂源，是苦惱之源。

只有科學、科技、哲學、宗教、文藝、人格養成教育回歸一體，回歸本位，均衡發展，才有希望。

我常回想南老這些透徹精闢之語。我們討論的「生命的安立」問題，其實也就是一個民族現代化過程中「精神的安頓」問題。

在一個信仰、信念的荒漠上，立不起一個偉大的民族。文化是民族之根。一個民族的崛起或復興，常常以民族文化的復興和民族精神的崛起爲先導。一個民族的衰落或覆滅，則往往以民族文化的頹廢和民族精神的萎靡爲先兆。精神是民族的魂。中華民族的偉大復興，要在現代化的艱難進程中實現，現代化則要靠民族精神的堅實支撐和強力推動。文化的力量，深深熔鑄在民族的生命力、創造力和凝聚力之中。傳統是民族的本。時代精神強調時代的理性認同，而民族精神卻立足於民族的情感認同。民族認同不是邏輯推理或理性構造的結果，而是民族傳統中長期的歷史和文化積澱的產物。

現代化呼喚時代精神，民族復興呼喚民族精神。時代精神要在全民族中張揚，民族精神就要從傳統文化的深厚積澱中重鑄。正如習近平總書記最近在全國宣傳思想工作會議上所強調的，中華文化積澱著中華民族最深沉的精神追求，是中華民族生生不息、發展壯大的豐厚滋養。中華優秀傳統文化是中華民族的突出優勢，是我們最深厚的文化軟實力。中國特色社會主義植根於中華文化沃土、反映中國人民意願、適應中國和時代發展進步要求，有著深厚歷史淵源和廣泛現實基礎。中華民族創造了源遠流長的中華文化，中華民族也一定能夠創造出中華文化新的輝煌。

南懷瑾先生教育思想管窺

——讀《廿一世紀初的前言後語》札記

朱永新

（朱永新，蘇州大學教授，北京大學、北京師範大學、同濟大學等兼職教授。新教育實驗發起人。）

在南懷瑾先生數十種著作中，關於教育的專著並不多見。在南先生生前，有幸多次去太湖大學堂拜訪，聆聽先生關於人文社會問題的論述，也經常向先生請教一些對於教育問題的看法。記得南先生有一次說，教育問題太複雜，沒有幾百萬字說不清楚。也有一次南先生告訴我說，一直想寫一本教育的書，全面梳理上下三千年教育思想的歷史。

在先生匆匆離開我們前，終於有緣讀到了《廿一世紀初的前言後語》一書，其中上冊就是教育的專著。這部書分七個部分，除第一部分《中國文化教育的目標》專門研究上下三千年的教育發展史外，其他六個部分是先生在大學堂爲老師和父母們做的演講。看得出，這是先生準備撰寫的那本教育巨著的草稿或者提綱。這裏，就其中的一些觀點談一些學習的體會。

一、教育要傳承文化

南懷瑾先生認爲，文化是立國之本。中華民族歷經千年萬載，文化源遠流長。在新世紀到來之初，正值世界瞬息萬變之際，西風漸盛，我們自己的文化傳統卻面臨中斷衰落的危險。所以，教育的重要使命之一，就是傳承中國文化。

南先生曾經對太湖大學堂的老師們談他爲什麼辦學的緣由。他說：現在辦教育是因爲我們老祖宗幾千年的中國文化快要斷根了，命若懸絲，國家民族文化的生命像一根絲一樣吊住，很脆弱很危險了。要怎麼培養它，把它重新接起來？這就需要「承先啓後，繼往開來」，這是現在青年同學們的責任，因爲我們老了，寄望在你們身上。

南先生認爲，既然傳承文化是教育的重要使命，就應該清晰地意識到這個使命，把它作爲國家的教育目標之一。但他沒有看到這樣的思考與努力。所以，他非常焦慮地說：近一百年來，推翻帝制以後，西洋文化進來了，中國文化逃遁了，中國人沒有中國文化了。就拿意識形態來說，也全部是西洋來的，「不管是三民主義、共產主義、社會主義、無政府主義、法西斯主義、民主思想等等，今天統治世界的思想，統統都是西方的」。更加嚴峻的現實是，我們對此還沒有危機感和緊迫感。南先生批評道，「這個國家教育沒有方針，也沒有方向，前途茫茫；十三億人口下一代的孩子，國家的棟梁，要怎麼來培養？怎麼來教育？」

也正是基於這樣的思考，南先生決意創辦太湖大學堂，創辦太湖國際實驗學校，爲傳承中國文化盡一己之力。在這裏，無論是中華經典的學習，還是中國武術的演習，抑或是中草藥與中醫的學習，都有濃郁的中國味道。

甚至在這裏開展的經典誦讀，也是從文化傳承的角度開展的。這裏特別說一下關於「讀經」的問題。讀經是南先生發起的，從一開始的悄悄推廣，到現在的處處開花，南先生起了很大作用。爲什麼要讀經？一方面與兒童時期的身心發展特點有關係，但最重要的還是傳承中國傳統文化。對此，南先生講得清楚，「因爲中國文化的根斷了，想把它接上去」。在實際推廣過程中，也有把讀經搞得劍走偏鋒的。南先生對此也有專門的批評。他說：「現在到處提倡讀經、辦私塾，這是錯誤的，讀了經什麼學校也不進，科學也不知道，孩子只要會背《大學》、《中庸》、《千字文》、《三字經》、《弟子規》啊，就覺得了不起了。這不得了啊！我們沒有提倡這個，這叫讀死書，死讀書，讀書死，一定糟糕。」

可以看出，現在許多學校的經典誦讀或者「讀經」活動，其實是偏離了南師的初衷的。不考慮兒童身心發展的特點，不從傳承文化的高度思考與實踐，是讀經中必須糾正的傾向。南師認爲，教育的方向非常重要，近百年來我們一個很大的問題就是缺乏方向感，「教育也好，人生也好，沒有方向了。現在是跟著利益跑，有錢就好。」這樣下去無疑是非常危險的。

二、教育先要知性情

教育的社會功能之一是傳承文化傳遞文明。而教育的另外一個功能是塑造人性形成個性。培養人，是教育最根本的屬性。因爲，所有的目標，都是通過培養人來實現的。對此南先生也有專門的論述。他說，教育最高的目的是培養人性，指向人性。

培養人性，指向人性的前提是瞭解人性，尊重人性。南先生說，教育的目的是把不行的人教成行，把無能的人教成能，把笨人教成聰明人。能夠做到這個，要求的基礎就是充分瞭解教育的對象。「你教育一百個孩子，一百個個性都不同，這個秉性是哪裡來的？要研究了。」他認爲，人的生命存在兩個東西，性跟情。這個性情是什麼呢？人性是從哪裡來的？這是哲學問題，是生命科學與認知科學的問題。

《廿一世紀初的前言後語》中專門有一節講「先天稟賦，後天影響」。稟賦問題是性情的基礎。在中國古代文獻中，性在學理上叫稟性，也叫秉性。什麼是稟性？南先生說，這也是教育最困難的問題，西方心理學至今也沒有根本解決的問題。如何認識稟賦？稟賦是遺傳來的嗎？南先生說：我們中國古人有句土話，「一娘生九子，九子各不同」。同一個媽媽生九個十個兄弟姐妹，每個個性都不同，聰明與笨也不同，都是一對父母遺傳的啊！所以說稟賦完全是由基因遺傳來的，也不完全對。佛教認爲稟賦是自己本身帶來的種子，佛學名稱把這個稟賦叫種性，他自己本身帶來的種子。例如堯舜是聖人，也是帝王，但堯的兒子不行，舜的爸爸不好。優秀的父母生的兒女不一定好，很笨很差的父母生個兒女卻非常了不起；現在解釋說是基因問題，那基因怎麼分類？怎麼遺傳來的？所以，南先生又說，他常常告訴研究生理學的醫生，「基因不是究竟，後面還有東西，慢慢去研究吧！」

南先生得出結論：稟性是孩子自己帶來的，不是父母遺傳的。「是本身的種性帶來秉性，而父母的遺傳、家庭、時代、社會、教育的影響都叫做增上緣，增上緣是影響那個種性發展的一種助力。」

南先生進而舉例說，秉性分兩個方面，有些是生理上來的，身體有問題，譬如內在有病的，有的會非常憂鬱，有的會非常狂放；有些是思想情緒來的，和我們大人一樣，情緒是科學的問題，也是醫學的問題。我們人內部的生理，心肝脾肺腎，哪一部分不健康，就會表現出不同的情緒，譬如這個人很憂鬱、很內向，可能是肝的部分有問題，並不是指肝上長東西哦！而且，這個機能有時是另外一種形態，譬如脾氣特別壞的，也是肝的問題，影響了他的脾胃。

南先生的這段論述，其實是對現代心理科學的一個重要補充，甚至挑戰。因爲，傳統心理學主要講遺傳、環境與教育的關係，強調在遺傳基礎上環境與教育的重要作用。而南先生則非常重視「稟」這個種子的特殊意義，即提出了不是由父母遺傳而是由孩子自己從生命體帶來的「稟性」。這是一個嶄新的論斷，雖然它源於古老的佛教，但是，南先生給予了嶄新的解釋。

南先生認爲，做教育的人，一定先要瞭解性與情。「性跟情這兩個一研究起來不得了，是大科學，科學家不能不懂，教育家也不能不知道。」但是，性與情至今對我們來說仍然有許多未解之謎，需要我們去探索和研究。

三、教育目的在生活

教育的目的在生活。這是南先生關於教育問題的一個重要觀點，也是他在太湖大學堂的國際實驗學校實踐的基礎。他曾經對老師和學生的父母說：「孩子來我們這裏，先教怎麼穿衣服，怎麼洗臉，怎麼端碗，怎麼吃飯。現在的社會，連大人們都沒有這些規矩了，鞋子亂丟，東西亂放，自己都成問題，怎麼教孩子呢？」南先生認爲，基本的生活技能，才是學生最需要的。這些都是兒童教育最重要的。中國傳統文化就把「灑掃應對」作爲童年最重要的功課。他對父母們說，「你們希望孩子懂古文，你們自己先要會，灑掃應對是生活，早晨起來要怎麼樣掃地，怎麼樣清潔房子等等。」也就是說，作爲生活的「灑掃應對」，意義不亞於「懂古文」的學習。

南先生一直把健康幸福的生活作爲教育的最高目標。他告訴父母，不要給孩子寄予太高的期望和太大的壓力，「不要寄望孩子將來如何，只要他平安長大成人，平平安安活一輩子就很幸福了；不要管學歷，學問是一輩子學不完的。活到老學到老。」

南先生的書中有兩個非常有意思的故事。一個是關於他的孫子爲孩子上學請託的故事。有一天，南先生的孫子打電話給他說：「我的孩子要考某個中學，分數差一點點，他們告訴我，請爺爺您寫一封信就行了……」南先生嚴肅地對他說：「你叫我爺爺對不對？

你是我的孫子，你難道不知道嗎？爲自己的子孫寫信，向地方管教育的首長討這個人情的事，我是不做的，你怎麼頭腦不清楚啊！」孫子愧疚地說：「是啦，爺爺！這個道理我懂，可是我被太太逼得沒有辦法，一定要給你打個電話。」南先生說：「你告訴你的妻子，隨便哪個學校都可以出人才，你看我一輩子都靠自己努力，這事絕不可以做。」第二天，孫子又打電話給南先生說：「昨天爺爺的教訓，我都跟家裏的人講了，大家都明白，您是對的。」南先生語重心長地說：「我知道你心裏也不舒服，但你們去反省，讀的學校好不好有什麼關係？你看世界上的英雄，像毛澤東、蔣介石，哪個是好學校畢業的啊？你說歷代的狀元，每個大學考取第一名，有誰做出了事啊？那些做大事的人，譬如美國的汽車大王、鋼鐵大王，都不見得是大學畢業的，爲什麼要這樣注重學歷啊？」

這個故事不僅反映了南先生的高風亮節，打個招呼對他來說是舉手之勞的事情，但是他不願意做，因爲他認識到，能力遠比學歷更重要。

另外一個是關於一位大學生求學的故事。在臺灣的時候，曾經有一位著名大學的一年級學生想跟隨南先生學習。南先生對他說：你已經考取了最好的大學，還是好好地去念大學吧！這位學生說：「我已經考上在那裏讀書了，我到你這裏來是學文化的。」南先生知道名牌大學的學生很傲氣，故意要收很高的學費。這位學生說：「我沒有錢，還有別的辦法嗎？」南先生就讓他打掃廁所。每次洗完了親自檢查，跟他說：「這個廁所沒有洗乾淨。」學生說馬桶裏刷不到，南先生就用手去掏給他看。學生一看就傻了，問南先生說：

「老師啊，你是這樣做的嗎？」南先生回答：「清潔衛生就是這樣做，尤其這一班人亂七八糟，菸頭都丟在這裏，衛生之亂，你用水沖不掉的。」南先生還親自教這位學生洗茶杯，他告訴學生：「你們洗茶杯，放在水龍頭底下這麼一沖就好了，茶杯最髒的是嘴唇這裏啊！要把這一圈洗乾淨，洗好還要對著光照一照，看看乾淨了沒有。」這位學生後來考取了國外的名校讀博士，現在是好幾家上市公司的大老闆。他就是斯米克公司的董事長李慈雄博士。我在南先生那裏多次見到他畢恭畢敬地對待老師和其他客人，端茶倒水，溫良恭儉讓。南先生說，他接受的生活教育，就是所謂的「灑掃應對」。

所以，南先生認爲首先應該讓孩子們學會謀生的職業技能，而不是讀名校。他告誡父母們說：「讀名校出來又有什麼了不得的？那個我們看得多了。」他嚴厲批評現有的教育方法，讓「孩子天天要做很多功課，把孩子腦筋都壓壞了，文武什麼本事都沒有」。他說，「教育最難的，不光是使這個孩子書能夠讀好，要先注意這個孩子長大了怎麼謀生，有一口飯吃。先教會他謀生技術，哪怕做水泥工也好，做木匠也好，可以打工賺錢。他可以學問很好，不一定做官，也不一定發財。」

總而言之，南先生宣導的，是一種「自由又嚴肅」、「輕鬆又嚴謹」的教育。他希望盡可能讓孩子們懂得更多，但「尤其注重生活、禮儀的行爲教育，還要注重職業教育」。他希望太湖國際實驗學校的學生，不能夠是「肩不能挑，手不能提，水管壞了也不會修」的人，既要學古文，也要練拳，認識各種中草藥；既要學英文，也要學會做點心和麵包，要做真正的職業教育和生活教育。所以，他對學校的新生父母講了這樣一席語重心長的話：我對天下人的子女，都是平等看待。我只吩咐孩子們，不要一定想升官發財，一定想做什麼大事業，一定想讀什麼名大學，只要好好學個謀生技術，可以生活糊口，一輩子規規矩矩做事，老老實實做人就好了。發財做官，都是過眼雲煙的事。我對孩子的教育是這樣，一切要他們自立發展，這就是古人所說「人貴自立」的道理。

四、教育從家庭開始

父母是孩子的第一任老師。沒有父母的成長，就沒有學生的發展。正因爲如此，在太湖大學堂，南懷瑾先生作爲國學大師，不僅親自爲孩子們講授中國文化，還親自爲父母們做講座，幫助父母提升素質。

南先生認爲，真正的教育是從胎教開始的。「其實胎兒在娘胎裏三個月，已經知道了，五六個月以後，父母吵架等種種行爲，好事、壞事，他都清楚知道，這是知性，意識已經成長，不過他出生就忘記了，可是那個影響染汙得很深。」也就是說，兒童是通過母親去感受外部世界的，父母的言談、行爲，外界的環境、資訊，不斷地通過母體影響孩子，「這種影響就是教育」。所以，中國古代對母親懷孕期間的胎教有許多嚴格具體的要求，如「非禮勿視、非禮勿聽、非禮勿言」等。

與胎教緊密聯繫的是「母教」，即母親的教育。南先生認為，「母親在家庭教育中具有不可替代的重要作用。現在越來越多的母親已經不願意簡單扮演一個賢妻良母的角色。她們在受了教育以後，出去做事了。結果孩子不會帶，飯不會做，菜不會煮，衣服不會縫，家管不好」，「第一流的家庭，受的卻是末等的家教」。這種一推了之的做法是對孩子極其不負責任的：「把孩子交給傭人們去帶，然後再把孩子送到學校裏頭，責任推給學校；要是犯了法，還推說這是社會問題。」

南先生對父母「望子成龍，望女成鳳」，對孩子寄予過高的期望也提出了批評。他認為，許多父母其實是把自己未曾實現的夢想寄託在孩子身上，希望孩子幫助自己實現這個夢想。南先生說：「依我幾十年經驗看來，許多家長都犯了一個大錯誤，把自己達不到的目的，寄託在孩子身上；自己書沒有讀好，希望孩子讀好；自己沒有發財，希望兒女賺錢發財；自己沒有官做，希望兒女出來做官。」這樣不顧孩子的興趣和特長，揠苗助長的做法是違反教育規律的。

南先生對所謂「愛的教育」也提出了自己的意見，他認為，「大家都希望對後代好，崇尚西方文化講求愛的教育，可是對孩子不一定是愛才好。」《三字經》說：「養不教，父之過，教不嚴，師之惰」，就明確提出養孩子不曉得教育，是父母的過錯。《大學》說：「人莫知其子之惡，莫知其苗之碩」，也認為一個人不曉得自己兒女的壞處，更不曉得自己兒女的缺點，是因爲自己被愛心蒙蔽了；一個種田的農夫，雖然自己種的稻子天天在長大，但他也看不出來。所以愛心太過，反而會害了孩子。南先生語重心長地對父母說：教育要靠自己的智慧，想要孩子好，不是光有愛心，一味的偏愛，光知道原諒孩子。孩子發表意見，可以有他的自由思想，但不是完全絕對自由。「教育的問題不要完全寄望於老師或學校，而是要寄望在自己身上，寄望在自己的家庭。」

所以，最好的教育是該嚴厲的時候嚴厲，不該嚴厲的時候用愛，「不管是做家長還是做老師的，都不要過度偏向於愛的教育，也不要偏向嚴厲，而是要先檢點自己，反省自己，這個就是大學之道。」南先生特別注重父母和教師「耳濡目染」的教育作用。他指出，孩子們隨時在效法老師、父母。教育不光是嘴巴裏教，也不只是讀書，父母、老師的行爲、思想、情緒和動作，無形中孩子們都學進去了。這就是教育，這個教育叫「耳濡目染」，孩子們天生有耳朵，有眼睛，他聽到了，也看到了。所以，「父母也好，師長也好，社會上的人也好，他們隨便有個動作，孩子們一眼看到，已經發生影響了，這就是教育。所以，教育不只是在你上課教些什麼，整個的天地，自然的環境，統統是教育。」父母和老師只有做好榜樣，以身作則，才能夠給孩子正面的積極影響。只有「己立立人，自利利他」，自己先站起來才能夠幫助別人站起來。

南先生曾經深有感觸地說：孩子各種各樣的心態跟父母都有關係。所以，「教育從家教開始，學校不過是幫忙一下」。現在人的觀念，把教育都寄託在學校，這是錯誤的。許多人以爲南先生不重視學校教育的意義，其實是誤解了南先生的觀點。因爲，南先生一直高度重視教育的價值，認爲教育是立國之本。只是從影響學生發展的各種因素來看，家庭的作用、父母的作用，應該引起我們的高度關注。

辦教育是一件非常不容易的事情。南先生多次告誡那些想投資辦教育的人，不要「心血來潮」，如果沒有充分的思想準備，沒有辦慈善事業的情懷，是不能夠真正辦好學校的。他對學生的父母說，「今天因爲你們要辦教育，我告訴你們弄清楚，辦學校豈是那麼簡單的？不是你有錢就能辦。天下事就是兩個條件，一個錢財，一個人才，人才比錢財還難得。」如果有錢就能夠蓋校舍造房子，那樣也不過是辦「家家酒」一樣，「只是做一個裝點自己門面的事業而已」。如果想真正地辦學校，就要把自己的身心性命、全部精神都投入進去，就是愛一切眾生，愛一切孩子，把他們看得比自己的兒女還重要。

物理學步入禪境：緣起性空

朱清時

（朱清時，中國著名物理學家、中國科學院院士，南方科技大學校長。）

二十世紀是人類歷史上一個有趣的時期，這個時期的人類一面盡情地享受著自然科學創造的巨大物質財富：核能、鐳射、電子技術，等等，一面卻不瞭解甚至不接受它的一些基本觀念。其實這些觀念有大量嚴謹的科學根據，不過真正懂得它們的人太少，因此沒有被人們重視和接受。

下面這則消息，就說明了這種狀況：

中新網北京八月十九日消息：霍金在昨天的科普報告過程中只贏得了兩三次掌聲，全場幾乎沒有會心的笑——他的理論太玄奧，以至於大多數來自北大、清華的學子都說沒太聽懂。

據北京晨報報導，昨天下午，北京國際會議中心排起數百米的長隊。門口有人私下兜售門票——最少五百元一張。詢問退票的人也不少，大家都期待著一睹霍金風采。但兩個小時的公眾科普報告尚未結束，已有人提前退場——實在聽不懂。

霍金這次講的《宇宙的起源》，其基礎是當代自然科學的最新成就——弦論。真正懂得這個理論的人，都會產生一種強烈的敬畏、驚訝和震撼感。本文嘗試用大家聽得懂的語言，大致解說一下弦論的主要概念，以期讓讀者體會些敬畏和震撼，並一窺宇宙的奧秘。

我們從當代著名的哲學家施太格繆勒（Wolfgang Stegmuller）在《當代哲學主流》一書中寫的一段名言開始。

他寫道：「未來世代的人們，有一天會問：二十世紀的失誤是什麼呢？對這個問題，他們會回答說：在二十世紀，一方面唯物主義哲學（它把物質說成是唯一真正的實在）不僅在世界上許多國家成為現行官方世界觀的組成部分，而且即使在西方哲學中，譬如在所謂身心討論的範圍內，也常常處於支配地位。

「但是另一方面，恰恰是這個物質概念始終是使這個世紀的科學感到最困難、最難解決和最難理解的概念。」

這就是說，一方面以「唯物主義」為標記的哲學廣為流行，而另一方面「物質」究竟是什麼，卻又說不清。施太格繆勒正是在這裏看到了「二十世紀的失誤」。

你可能會問，究竟什麼是物質？它為什麼是使科學感到最困難、最難解決和最難理解的概念？

早在古希臘時代，原子論者就猜想，物質是構成宇宙的永恆的磚塊，萬物從它所出，最後又復歸於它，它不生不滅，不增不減，是世界過程絕對同一的起點和終點。物質作為普遍的、不變的東西，必然是絕對的實體和基質。實體者，「實實在在」的客體之謂也。物質及其性質必須獨立於人類的意識而存在，是客觀的實體。

後來，以牛頓力學為基礎的經典物理學，繼承了上述古代原子論的觀點，把物質歸結為具有某些絕對不變屬性的質點的集合。質點概念本來是對作整體運動的固體的一種抽象，但它在液體、氣體乃至熱現象中的應用也獲得了成功。

對於所有這些能夠具有機械運動的物質形態，物理學稱之為實物。在當時的自然哲學中，又稱之爲實體。把物質歸結爲物體，進而把物質看成實體，這同品質在牛頓力學中的特殊地位和作用有關。

牛頓之所以把品質定義爲「物質多少」的量度，就是因爲在任何機械運動過程中，乃至在化學反應中，品質始終如一。品質被理所當然地看成是物質本身所絕對固有的，被看成物質不滅或實體不變原理的具體表現。

以牛頓力學爲代表的經典物理學在十九世紀末所取得的巨大成功，使得認爲物質是絕對實體的唯物主義成了在二十世紀處於支配地位的哲學，正如前面引用的施太格繆勒的名言所講的。

然而，二十世紀愛因斯坦發明的相對論開始揭示出了物質的實體觀的謬誤。首先，相對論證明品質與速度有關，同一個物體，相對於不同的參考系，其品質就有不同的值。

想像一個人在推一輛沒有任何阻力的小板車，只要持續推它，速度就會越來越快，但隨著時間的推移，它的品質也越來越大，起初像車上堆滿了木柴，然後好像是裝著鋼鐵，最後好像是裝著一個地球……當小板車達到光速時，整個宇宙好像都裝在了它上面——它的品質達到無窮大。這時，無論施加多大力，它也不能運動得再快一些。

當物體運動接近光速時，不斷地對物體施加能量，可物體速度的增加越來越難，那施加的能量去哪兒了呢？其實能量並沒有消失，而是轉化爲了品質。愛因斯坦在說明物體的品質與能量之間的相互轉化關係時，提出了著名的質能方程：能量等於品質乘以光速的平方。

不久後，科學家們發現了核裂變和鏈式反應，把部分品質變成巨大能量釋放出來。現在知道原子彈的人，都相信品質可以轉化成能量。

既然品質不再是不變的屬性，那種認爲品質是物質多少的量度的概念就失去了意義。既然物質與能量是可以相互轉化的，能量並非「實體」，物質也就不能再被看作是實體。

與此同時，科學家對物質結構的認識也迅速深入發展。在二十世紀三十年代以前，經典物理學一直認爲：物質是由分子構成的，分子是由原子構成的。原子是組成物質的最小「磚塊」。一九三二年，科學家經過研究證實：原子是由電子、中子和質子組成的。

以後，科學家們把比原子核次一級的小粒子，如質子、中子等看作是物質微觀結構的第三個層次，統稱爲基本粒子。

一九六四年，美國物理學家馬雷・蓋爾曼大膽地提出新理論：質子和中子並非是最基本的顆粒，它們是由一種更微小的東西——夸克（quark）構成的。

爲了尋找夸克，全世界優秀的物理學家奮鬥了二十年，雖然一些實驗現象證實了夸克的存在，然而單個的夸克至今未找到，人們始終不識夸克的盧山真面目。

對此，粒子學家們的解釋是：夸克是極不穩定的、壽命極短的粒子，它只能在束縛態內穩定存在，而不能單個存在。

不僅如此，迄今人們所知道的三百多種基本粒子中，除少數壽命特別長的穩定粒子

（如光子、中微子、電子和質子）外，其他都是瞬息即逝的，也就是說，它們往往在誕生的瞬間就已夭折。

例如，通過弱相互作用衰變的粒子有二十餘種。其中，$\pi^{\pm}$介子的壽命大致爲2.6×10^{-8}秒，即$\pi^{\pm}$介子經過一億分之一秒就衰變成了其他粒子。

通過電磁相互作用衰變的粒子共兩種，它們的壽命就要短得多了。π^{0}介子的壽命是0.84×10^{-16}秒，η介子的壽命是3×10^{-19}秒。比起$\pi^{\pm}$介子來，它們的壽命竟分別要短八至十一個數量級。

壽命最短的，則要算通過強相互作用衰變的「共振態粒子」（如Δ粒子、Σ粒子等）。它們的夥伴特別多，占基本粒子家族成員的一半以上，共兩百多種。它們的壽命之短達到了驚人的地步，以至於人們很難用確切的形容詞來描述它們的衰變過程；粒子物理學家即使利用最優的實驗手段也已無法直接測量它們，而只能用間接的方法推算出它們的壽命。它們只能生活一千萬億億分之一秒左右，即壽命大致是10^{-28}秒。

爲什麼絕大多數基本粒子都如此短命？如何理解我們的物質世界就是建立在這些瞬息即逝的「磚塊」上？

在二十世紀的後期，物理學的一個前沿領域——弦論的發展又使我們對物質的看法更進了一步。

什麼是「弦論」呢？

愛因斯坦在後半生中，一直在尋找統一場論，即一個能在單獨的包羅萬象的數學框架下描寫自然界所有力的理論。他渴望以前人從未成功達到過的清晰來揭示宇宙活動的奧秘，由此而展示自然界的動人美麗和優雅。愛因斯坦未能實現他的夢，因爲當時人們還不知道自然界的許多基本特徵。但在他去世以後的半個世紀中，人們已構築起越來越完整的有關自然界的理論。

如今，相當一部分物理學家相信，他們終於發現了一個框架，有可能把這些知識縫合成一個無縫的整體——一個單一的理論，一個能描述一切現象的理論，這就是弦論。它正在實現當年愛因斯坦滿懷熱情追求的統一理論的理想。

弦論可以用來描述引力和所有基本粒子。它的一個基本觀點就是自然界的基本單元，如電子、光子、中微子和夸克等等，看起來像粒子，實際上都是很小很小的一維弦的不同振動模式。正如小提琴上的弦，弦理論中的宇宙弦（**我們把弦論中的弦稱作「宇宙弦」，以免與普通的弦混淆**）可以作某些模式的振動。每種振動模式都對應有特殊的共振頻率和波長。小提琴弦的一個共振頻率對應於一個音階，而宇宙弦的不同頻率的振動對應於不同的品質和能量。所有的基本粒子，如電子、光子、中微子和夸克等等，都是宇宙弦的不同振動模式或振動激發態。每條宇宙弦的典型尺度約爲長度的基本單位，即普朗克長度（**十至三十三釐米**）。簡言之，如果把宇宙看作是由宇宙弦組成的大海，那麼，基本粒子就像是水中的泡沫，它們不斷在產生，也不斷在湮滅。我們現實的物質世界，其實是宇宙弦演奏的一曲壯麗的交響樂！

有人會說，把物質世界看成是宇宙弦演奏的一曲交響樂，不正是與物質的對立面——意識有些相同了嗎？是的。按照當前流行的觀點，意識是完全基於物質基礎（我們的腦）而存在，但意識不是一種具體的物質實在，因爲，沒有人在進行腦科手術時在顱骨內發現過任何有形的「意識」的存在。我們都知道貝多芬的交響樂，可以用一套樂器把它們演奏出來，但這套樂器本身並不是交響樂。意識是大腦演奏的交響樂。這個圖像爲理解「心物一元」，即意識和物質的統一，開闢了新途徑。

有人還可能說，無論宇宙弦多小，無論人們能否觀察到它們，宇宙弦總歸是客觀實在，它們是組成物質世界的基本單元，因此，物質世界也應該是客觀實在。此話不準確。組成物質世界的基本單元是宇宙弦的各種可能的振動態，而不是宇宙弦自身，就像組成交響樂的基本單元是樂器上發出的每一個音符，而不是樂器自身一樣。

在弦論之前，物質的實在性體現在組成客觀世界的「磚塊」有上百種原子，這些原子都是由質子、中子和電子等基本粒子組成。這些基本粒子都被當作是物質實體，都是組成物質世界的「超級磚塊」，因而可以把物質世界看作是物質實體。在弦論之中，情況發生了根本變化。過去認爲是組成客觀世界的「磚塊」的基本粒子，現在都是宇宙弦上的各種「音符」。多種多樣的物質世界，真的成了「一切有爲法，如夢幻泡影，如露亦如電，應作如是觀」。（《金剛經》）物理學到此已進入了「自性本空」的境界！

有人會想，天啊！物質都不是客觀實在了，那麼，世界上還有什麼東西是實在的嗎？回答是，有的。事物之間的關係就是實在的。我們根據二十世紀自然科學的進展，可以用關係實在來取代絕對的物質實體，即主張事物不是孤立的、由固有質構成的實體，而是多種潛在因素緣起、顯現的結果。每一存有者都以他物爲根據，是一系列潛在因素結合生成的。「現象、實在和存有被限定在一組本質上不可分離的關係結構中。」

哲學家們在論述「關係實在」時，使用的哲學辭彙對你可能生澀難懂，我們還是用例子來解說。

我們看見一束紅光，這是一個事件，是一個「果」。這個果是由多種因緣聚合而產生的。首先是光的波長值，借用哲學家們熟悉的語言，這是「第一類性質」，這類性質還有如物體的廣延性等，是物體自身內在所固有，它既不依賴於觀察者，也不依賴它物，也就是說，它是無對而自行確立的。我們把這些第一性質又稱爲「因」。其次，我們還需要具備一些其他條件，如眼睛正好睜開，沒有色盲，往正確方向看，以及眼與光源之間無障礙物，等等。我們把這些條件稱爲「關係參量」，又稱爲「緣」。這些因緣聚合產生了紅光這個果。「紅色」這類顏色性質是「第二類性質」，其存在至少部分地依賴於觀察者。「關係實在論」就是說，關係參量是不可消除的，沒有它們，就不會有「看見紅光」這個果，因而是實在的。

再舉一個更清楚的例子。要得到一棵蘋果樹，首先要有一粒蘋果的種子，這是

「因」。但是，單靠這粒種子也不會長成一棵蘋果樹，比如把種子放在倉庫裏，無論放多久也不會長出樹來，所以，單有因是結不出果的。一定要將種子放在土壤中，並且，要有適當的水分、陽光、溫度、肥料等等的配合，種子才會發芽長大，最後長成一棵蘋果樹，結出蘋果來。這裏的土壤、水分、陽光、溫度、肥料等等，就是「緣」。所以，「因」一定要配合適當的「緣」，在因緣和合之下，才能生出果來。

「緣」是許多的配合條件。緣有好緣，也有不好的緣（「惡」）。因此，即使是同樣的種子，結出的果也就很不相同了。比如，把種子放進貧瘠的泥土裏，或者施肥不夠，蘋果樹必然長得不大，結出的蘋果也不一定會好吃。假如把種子放在肥沃的土壤中，加上細心照料，結出的果實就會香甜好吃。由此可見，同樣的因遇到不同的緣，結出的果便會很不相同。同時，由於緣是由很多條件配合而成的，所以，緣會不停地變化著。既然緣會影響果，而緣又在那麼多條件配合下產生作用，假如某個條件改變了，甚至消失了，那麼，果便可能不再存在。在蘋果的例子中，如果天旱缺水，蘋果樹便會因之枯萎。所以，當因緣散盡之時，果就會滅。換句話說：「因緣和合而生，因緣散盡而滅。」

有的讀者可能已經發現，以上這些關於蘋果的文字，是轉述潘宗光《佛教與人生》一書有關緣起法內容。所謂「關係」者，「緣」也，「關係實在論」其實與佛學緣起說的基本思想一致。

總之，在二十一世紀開始的時候，以弦論爲代表的物理學真正步入緣起性空的禪境了。回頭再看一下本文開頭的那則消息，不難明白爲何人們難以聽懂霍金的那麼生動的報告了，原因就是物質是實體的觀念在人們的心中太執著了！

佛學認爲物質世界的本質就是緣起性空。藏識海（又名如來海）是宇宙的本體。物質世界的萬事萬物，都是風緣引起的海上波濤，換言之，物質世界就是風緣吹奏宇宙本體產生的交響樂。

《入楞伽經》云：「譬如巨海浪，斯由猛風起，洪流鼓冥壑，無有斷絕時。藏識海常住，境界風所動，種種諸識浪，騰躍而轉生。」

這句偈語說：譬如一個大海，風平浪靜，澄然湛寂，當陣陣烈風吹來時，使平靜的大海，生起重重無盡的浪波，從此便如萬壑怒號，天地晦冥，再沒有停息澄清的時候了。宇宙的本體——藏識海本是澄然湛寂，隨緣常住而不變的。因內外境風的吹蕩，便使寂然清淨的本體，隨變爲浪潮起伏，跟著生起前面七識的種種作用。由此波浪互相撞擊，奔騰澎湃，便轉生一切境界，而無有止境了。

如經文所說：「青赤種種色，珂乳及石蜜，淡味眾華果，日月與光明。非異非不異，海水起波浪，七識亦如是，心俱和合生。」

這句偈語說：須知世間種種色相，乃至如地下的礦物，林中的植物，與天上的日月光華等等，追溯根源，也都是由如來藏識一體的變相。這些物體和藏識，在本質上並非相異，可是當它們形成爲萬物之後，卻不能說與心識的作用是無異的了。

譬如海水既然轉變成爲波浪，波浪的形式與作用，和整個的海水便不同了；可是波浪的根本，還是由海水所轉變而來的。

由物的方面來說，萬類的分齊差別（分化和歸類）也都是從此一體所化生。由心的方面來說，七種識的分別作用，也都是由如來藏識所轉生。又因心與物的和合，發生世間種種事情，於是，本來澄清的識海，便永無寧日了。（按：青赤等種種物色，是指眼根色塵的對象。珂佩是指耳根聲塵的對象。乳及石蜜，是指鼻根香塵的對象。淡味眾華果，是指舌根味塵的對象。日月與光明，是指身根觸塵的對象。）

這裏海水與波浪的關係，正是弦與音樂的關係。它們也正是物質世界與宇宙本體的關係。當我弄懂了這個道理的時候，心裏充滿了敬畏和震撼。

讀到這裏，你可能感到：「科學家千辛萬苦爬到山頂時，佛學大師已經在此等候多時了！」

指點迷津的哲人

阮次山

（阮次山，專欄作家，鳳凰衛視資訊台總編輯、首席時事評論員。）

希臘哲學家柏拉圖在其《共和國》的巨著中推崇，一國之君最好是哲人，因此最佳國君應是「哲君」（Philosopher King）。問題是，「哲君」難覓、難得，因此，各朝各代、世界各國只能另覓「哲人」，以便在渾渾濁濁的世代中，找出能指引眾生的明燈，藉以尋求個人的解惑，或取得時代、家、國的迷津開釋的方向。

南懷瑾先生就是這麼一位人人都想從他那兒獲得解惑迷津的哲人，他既能爲眾多個人指引迷津，也能爲他所關心的國家、社會撥開雲霧，讓眾生見到青天。正因爲追隨者眾，往往也被別具用心者猜忌，怕的是他能聚眾成林，登高一呼，眾人百喏，成爲一股勢力。

其實，對眾多的追隨者而言，南老師——懷瑾先生並不是一股勢力，他也從未想過要形成一股勢力，他的所作所爲是孔夫子所說的傳道、授業、解惑。無論在臺灣，或在香港麥當勞道的客所，還是在他後半生傳道、解惑的太湖大學堂，他致力的不是聚眾成林，而是爲迷茫於世局的芸芸眾生，指出一條大道，讓他的學生、追隨者生活得更明白，讓社會能見得到一絲希望。他始終是一位具社會責任感、具歷史使命感的哲人，他屬於大眾，屬於國家、民族，雖然他因此而疏於照顧家人，對此，臨終之前曾向兒子表示歉然，但是，和史上所有的哲人一樣，他的存在是歷史、家國、社會的必然，逝而無憾。他曾想爲兩岸的糾結找出一條出路，曾秘接兩岸相關負責人到他香港的客居，開示明道。我曾對南先生此舉有所不解，認爲他身爲世外之人，不應如此參與俗事，但在他圓寂之後，我逐漸體會，若非此「哲人」，兩岸之間豈能有目前的開局？雖然兩岸目前往往陷於左右爲難之勢，但是，局開了，只缺另一位哲人再指點迷津不是嗎？

我生性愚鈍，又是個具五十多年教齡的天主教信徒，對南老師的哲理不能及時頓悟，但承他多次開悟，倒也收穫良多。有一次，我身爲新聞工作者，擔心在工作中無意開罪社會中一些懂得旁門左道之術的人有意陷害，求南先生解惑，他問我：「你相信此道嗎？」我答曰：「不信。」南師說：「你不信，他們就不能加害於你，放心吧！你百毒不侵。」此後，我如釋心頭重荷。

我本來一直希望能在南先生有生之年，在攝影機面前和他進行訪談，藉此讓更多的人和他有面對面見面的機會，可惜有此之圖時，他老人家健康已衰，一直沒有機會圓此夢，倒成一大遺憾。如今，南先生已離世兩年，以此文追念，不論怎麼說，都出於一名既沒悟出先生大道的開悟，又無緣進入師門的愚者之言，出自肺腑，還願先生在天之靈笑而飲之。

一心向南

——我與南師的緣分追憶

王國平

（王國平，當代著名詩人、作家。《芙蓉錦江》副主編、《都江堰文學》執行主編。二〇一二年六月廿六日，應南懷瑾先生之邀，赴太湖大學堂為南先生做口述歷史，創作《南懷瑾傳》。）

緣一

我最早與南師結緣，時在一九九七年。

更早一些時候，我從一所中專學校——四川省機械工業學校（現為四川省工程技術學院）機電維修專業畢業後分配至位於四川省都江堰市的四川都江機械廠。那時，中專已經成了時代的雞肋，高不成，低不就。於是，我被分配至車間，先後做過機修工、車工、銑工、搬運工、清洗工、描圖員……

車間強負荷勞動帶來的身體疲憊倒在其次，曾經的遠大抱負和滿腔熱血，在冰涼的鐵坯與現實面前漸漸冷卻，此時，內心的焦慮、糾結、彷徨、迷茫和空虛才真正是致命的痛苦。

爲了打發時間，更是爲了尋找精神的慰藉，安撫浮躁的內心，我從既是學長又是同事的中先會那裏借得一冊南懷瑾先生所著《金剛經講什麼》來讀。翻開封面，就被印在封面勒口的四句偈子「凡所有相，皆是虛妄，若見諸相非相，即見如來」深深打動，無異醍醐灌頂，一讀便不忍釋手，從此開始關注佛教與佛學。

緣二

十六年前，當我在都江堰市靈岩山腳閱讀那些閃耀著禪性光芒的文字時，我沒有想到，五十多年前，中央軍校青年教官南懷瑾與一代禪門大德袁煥仙已經在這裏意外相逢，在一座叫作靈岩寺的唐代寺廟裏成就了一段曠世佛緣。

而我有緣得以知道這段往事，則是因爲我的一位忘年交——著名考古學家、道教學泰斗王家祐先生。

多年前，我與王家祐先生一見如故。他雖然整整比我大了五十歲，但先生卻不以年長與博學自傲，始終與我以平輩論，稱我「王哥」，視爲忘年之交。二〇〇五年七月十一日，我與王家祐、李復華諸先生在河邊喝茶，王家祐詼諧幽默，妙語連珠。閒談中，他突然問我：「王哥，你曉不曉得我在靈岩山上讀過書哦？以前靈岩寺中有個靈岩書院，是著名學者李源澄先生辦的，我在裏面讀了幾個月書。有次我還看見南懷瑾也在山上，每天背把劍，在空地上習武……」我後來揣測，當時南師可能剛從峨眉山回來，到靈岩寺尋訪舊友。

王家祐先生的一席話當場就震驚了我。

那時，我只知道對南先生的學問佩服得五體投地，因爲當時消息閉塞，網路遠不如現在發達，加上圖書上也不流行印上作者簡介。故我一直以爲南懷瑾肯定是一位已經離我們遠去的大師，萬萬沒有想到，他竟然與王家祐先生是同時代人。

我當時表面平靜，內心狂喜：難道南先生還在人世？

緣三

從此，我開始搜尋南懷瑾先生與靈岩山那段如煙往事。從故紙堆裏，我找到了關於南先生與靈岩寺的隻言片語。然而，這些遺落在歷史深處的痕跡，足以讓一座山重新醒來。

這麼多年來，我一直在默默地關注南先生，有了一些難得的收穫，同時也有一些往事因爲歲月的遠去而日漸模糊。我先後拜訪了四川省博物院研究員、著名學者王家祐先生，蒙文通先生之子、四川大學教授蒙默先生，袁煥仙先生弟子李更生先生等。

這裏，我不得不多談兩句李更生先生，二〇〇六年十二月廿五日，我在朋友的引薦下，去醫院拜訪重病住院的李更生，九十六歲的李更生在病床上艱難地回憶起了靈岩山和維摩精舍的往事，儘管談話極爲吃力，但他卻顯得非常高興，彷彿在等一個相約多年的朋友。第二天凌晨，睡夢之中我就接到電話，李更生安詳離世。

雖然拜訪了很多人，但是皆不能完整憶及當年往事。

誰能理得清這段歷史？

歲月荏苒，往事如煙，放眼望去，可能惟有當年的當事人南懷瑾先生能夠沉這段近六十年前的舊事了。而先生乃一代大家，學貫古今，名動宇內，拜訪者如過江之鯽，且皆爲高賢大德、名流鴻儒。晚生如我，心裏哪敢萌生一見之緣？

而世間最無敵者，非緣分莫屬也！

緣四

二〇〇八年，我根據採訪與收集的相關資料，開始動筆寫作《未進山門先一笑——一九四〇年代佛學大師袁煥仙、南懷瑾在靈岩寺的佛事活動》書稿，中途不斷補充，兩年後完成。

這個不到兩萬字的書稿，成爲我與南師結緣的重要緣起。

緣五

因緣際會，我得以前往太湖之濱拜訪南懷瑾先生。

時在二〇一一年九月二日，靈岩楓葉始紅。

此時，距離當年在佛教界轟傳一時，被譽爲新時期中國居士禪興起的標誌之「靈岩打七」已過去了近七十年。

在太湖大學堂，我與南師相談甚歡且受益匪淺。我隨身帶去的，除了《都江堰市靈岩寺百年影像》、《維摩精舍叢書》之外，就是我寫的那篇《未進山門先一笑——一九四〇年代佛學大師袁煥仙、南懷瑾在靈岩寺的佛事活動》書稿。

可惜，談話中一直沒有機會將書稿呈送給南師指正。我當時就想，哎，可能沒有機會請南師釐清靈岩法會那段歷史了。

然而，緣分又一次眷顧了我。

那天晚上臨走前，我上洗手間，正好南師也在。站在便池邊，我就試探著說：「南老師，我寫過一些文字，是關於袁太老師和您在靈岩寺活動的情況，有些史實無從考證，想請你批評斧正。」

南師高興地說：「好呀！帶來沒有，帶來的話拿給我看看。」

於是，我將隨身帶著的書稿恭恭敬敬地呈遞給南師。

緣六

我想南先生太忙，有太多的大事要事去做，收下書稿，可能是出於對我這個晚學的關愛，或許不一定有時間閱讀和處理。

然而，令我意想不到的是，十一天後收到先生的來信。

二〇一一年九月十三日，我心情萬分激動地打開南先生回覆我的電子郵件，先生在信中指出了我的那篇《未進山門先一笑——一九四〇年代佛學大師袁煥仙、南懷瑾在靈岩寺的佛事活動》中的一些史實的失誤，甚至包括一些時間錯誤，可以想見，南先生在百忙之中的閱讀是何等認真與仔細，這讓我非常感動。

南先生在信中說：「……現在我非常欣賞你的才華，你還年輕，我目前有一件事，你能夠寫一篇真實的紀錄……」希望我能再次去太湖大學堂，待一段時間，做他的一個關於袁煥仙靈塔的口述。受此邀請，我非常激動，卻又擔心辜負了先生的信任。

緣七

二〇一一年十月廿四日，我再次來到了太湖大學堂，在此小住三日，每天晝觀太湖風情，暮聆先生教誨，獲益匪淺。

南先生爲我深情地憶起了袁煥仙靈塔的修建過程，又提供了一些相關資料，希望我能寫一篇紀實文學。

臨走前，南先生說：「你的文字風格是我很喜歡的那種，寫得文情並茂，引人入勝，大有當年還珠樓主寫《蜀山劍俠傳》和《青城十九俠》的味道。其實這次請你來，我是想跟你談一件更重要的事。這些年來，很多人都想寫我的傳記，我都沒有同意。因爲我怕他們把我的傳記寫得太實太死，寫得不食人間煙火。我想要的傳記是：既要尊重歷史事實，又要有文學性、趣味性、可讀性，這樣子才好玩。我覺得你可以完成這項工作。就是不知道你的時間允不允許，可能需要一年，我每天講一段我的經歷，先把它整理出來，然後根據口述，再寫成傳記，肯定會非常好看。你先回去，跟單位的領導報告一下，看能不能請這麼長的假……」

大家可以想像，我當時內心的歡喜。

有機會在南師身邊親近一年，這需要多大的緣分與福報啊！

緣八

從太湖回來後，我立即向有關領導彙報了此事。聽說能有機會爲南先生做口述歷史，創作《南懷瑾傳》，領導非常高興，認爲這既是我的莫大榮幸，更是都江堰市的無上榮耀，積極支持。

這期間，南師還安排人給我快遞了一本紫禁城出版社二〇〇四年出版的口述歷史圖書《宮女談往錄》，並說，這本書爲口述歷史提供了一個非常好的文本。作者採訪了晚清慈禧太后呼作「榮」的一位宮女，她十三歲進宮隨侍慈禧前後長達八年之久，十八歲由慈禧指婚，賜給一個太監，隨著時事動盪，她的生活也顛沛流離，愈加淒慘。在書中，宮女榮兒斷斷續續道出了當年宮中生活的點點滴滴，有宮女的生活細節、慈禧「老佛爺」的起居、光緒皇帝鮮爲人所知的佚事，以及太監做人的羞辱和煎熬等等。這些談話內容正史不載，野史難尋，具有對正史作補充和詮釋的價值，並極具可讀性。故南師推薦給我閱讀，以作他所追求的傳記要具有「趣味性、可讀性、文學性」之借鑒。

如今，南師已遠行，《宮女談往錄》仍放在我的案頭。

緣九

二○一二年四月廿一日，我再次應南師之邀去太湖大學堂。

當天晚飯後，南師讓我和他一起到了六號樓三樓。南師對口述歷史和傳記創作進行了更全面的安排，包括吃飯、住宿、交通、採訪、撰稿、審稿、發表、出版等諸多事宜。最後他說：「這件事就這麼定了，袍哥人家，說了話就算數，也不需要立什麼字據。」

下樓時，南師說：「國平啊，你要抓緊時間，我等你來。」

兩個月後的六月廿六日，我帶著筆記本電腦、換洗衣物和一顆對南師的仰慕與尊崇之心，來到了太湖大學堂，開始了人生中最值得珍藏的一段歲月，那是一百天的美好時光。

一劍霜寒四十州
——憶南懷瑾老師

潘建國

（潘建國，兜率天宮總裁。）

壬辰年中秋之夜，自助晚餐結束了，荼毗法會尚未開始。我心情凝重，如夢遊般漫步於大學堂主樓周圍。十餘年來與南老師在一起的一幕一幕，都歷歷浮現於眼前。

二〇〇〇年世紀之交，我的事業進入到一個低谷。當時自己非常迷惘，自信心也跌落到了谷底，這促使我想去尋求一個人生的答案。

曾經有一年多的時間，我不停出入於各大名山古剎，拜訪名僧大德，但始終沒有尋找到我認爲究竟的答案。直到一個偶然的機緣，我讀完了南老師的《金剛經說什麼》，讀後似乎有所感悟。連續幾個月的時間裏，我像當年在大學裏看金庸武俠小說一樣，廢寢忘食地讀了所能找到的南老師的全部著作。懵懂中我似乎找到了答案。我想找老師求證。

二〇〇二年夏天，我啓程赴香港尋師，但當時並不知道老師住哪，後來通過朋友打聽到，北角的佛教圖書館是南老師辦的。於是，我就帶上了自己出版的宣紙版佛像圖書，敲開了佛教圖書館的門。接待我的是和藹可親的親證法師。親證法師未能滿足我見南老師的願望，但答應將我的書轉交給南老師。沒想到，在我離開香港前，法師給我打來一個電話，讓我再去一趟佛教圖書館。我到後，法師交給了我一個紅包，告訴我這是南老師給的書款，說老師從不接受無償捐贈，並轉達了南老師對我出版的佛像圖書的高度評價。親證法師告訴我，如果想親近老師，可以到義烏雙林古寺找體悟法師報名，老師年底會在那裏帶領大家打禪七。我回來後就直奔義烏雙林古寺，與體悟法師結了緣。

二〇〇二年底，我提前趕到雙林古寺做義工，和師父們一起建禪堂、蓋食堂、接送客人。大年三十夜，體悟法師和宏忍法師帶領大家開始共修，七日後，盼望已久的南老師來到了義烏，並帶領大家開始打禪七。

這個禪七，可以說徹底改變了我的心性。我認識到過去由成功走向失敗的根源就是那一念無明，我知道了佛菩薩不會保佑一個只有自利之心的人，每個人都應放開心量、積極利他，徹底利他才有可能真正自利，我懂得了菩薩行是一個在家居士的天職。離開雙林古寺前，我暗暗發了一個願：如果有機緣，我一定要建一個居士禪修道場，讓更多的人能享受到正信佛法的薰陶。

這個禪七讓我重拾了信心。之後，我舉家遷往北京，開始了新的事業，同時，也開啓了工作之外的慈善事業。

願力真的是不可思議！機緣就真的不期而至了。二〇〇七年六月廿七日，我們與紹興縣人民政府簽訂了建設會稽山彌勒聖境的協議。協議明確：聖境的核心建築就是「兜率天宮」和「會稽山龍華寺」，核心理念就是「包容和諧快樂」，聖境性質是慈善公益的而非商業的，所有股東的出資均不能參與分紅，所有利潤都用於慈善和文化建設。

但真的要打造兜率天宮，一連串的問題都來了。首先，從古到今還沒有人造過兜率天宮。兜率天宮是什麼樣的？沒人知道！無助中我去請求南老師的指導。老師笑著說，他也想去兜率天宮，但還沒去過呢。老師說，你可以依據經典——《彌勒上生經》，參考善財童子參彌勒的描述。在南老師的指導下，我們把兜率天宮的各要素整理了出來：寶宮的形態像須彌山，山下有香水海，寶垣是七重的，蓮花是其重要特徵，龍王和水是不可或缺的，善法堂和天冠彌勒是核心。這樣，我們和創作團隊花了近一年的時間在國內外收羅素材，終於創作出了兜率天宮的效果圖。當我把效果圖拿給南老師看時，老師笑得很燦爛，大加讚賞。

建築的形態確定了，佛教文化又如何定位？如果僅走唯識法相的路線，擔心這個法門太深奧，不容易向大眾普及。猶疑不定中我又去向南老師求教。老師告訴我，兜率天宮要定位在中華文化的弘揚，儒釋道等各宗文化都可宣講，兜率天宮就是個講法的地方。佛教文化上，更要包容各宗各派，可以建八大宗壇，讓八宗有成就者都到兜率天宮登壇講法。龍華寺的定位要以禪宗爲主，也比較切合現在的人間佛教和居士佛教。並告誡我，切不可把當今佛教燒高香撞頭鐘那些迷信騙錢的把戲帶到龍華寺裏來。龍華寺要多搞禪修和佛教文化交流，多做慈善利他的事業。南老師的這些話，成爲我們打造兜率天宮及龍華寺的原則。

經過五年多的建設，兜率天宮和龍華寺工程已接近尾聲。今年六月底，我和弘宗法師到大學堂向南老師彙報工程建設進度及明年開園的規劃後，我如釋重負般跟老師說：「老師啊，等我把天宮造好了，我就退休，跟在您身邊修行好嗎？」本以爲南老師會滿口答應，沒想到老師聽了哈哈大笑，跟我說：「每個人緣分不一樣，建完天宮你的事業才剛剛開始，談何退休！」說完，起身拉我和弘宗法師到隔壁會客室坐下，指著孫文手書五代貫休和尚的「滿堂花醉三千客，一劍霜寒四十州」的詩句，問我是否知道這個詩句的意思，我搖搖頭。南老師就給我們講了這個詩句的典故：

錢鏐稱吳越王時，貫休和尚因避亂來到越地，寫了如下的詩文贈與吳越王錢鏐：

貴逼人來不自由，龍驤鳳翥勢難收。
滿堂花醉三千客，一劍霜寒十四州。
鼓角揭天嘉氣冷，風濤動地海山秋。
東南永作金天柱，誰羨當時萬戶侯。

錢鏐一見此詩，大加讚賞，但是嫌「一劍霜寒十四州」不合他一統天下稱帝的抱負，傳話讓貫休和尚改「十四州」爲「四十州」後才考慮見他。和尚心知錢鏐並無一統天下的雄才大略，便吟詩四句回覆錢鏐：

不羨榮華不懼威，添州改字總難依。
閒雲野鶴無常住，何處江天不可飛？

即日，貫休和尚便包裹衣缽拂袖而去。至蜀地，受到蜀王王建的禮遇。前蜀建國，賜號「禪月大師」。

南老師一再勉勵我說：「你現在正當年，要有『一劍霜寒四十州』的氣魄！不要老想著十四州那點小事。雖然我不收學生，但你出去可以說是我的學生，這樣做事會方便些……」聽完這番話，我由衷地感恩老師的慈悲攝護，也更感受到肩負的重任和老師對我的殷切期望。

我又向南老師祈請：「老師，明年天宮開放時，我想請您老人家到兜率天宮蓮花內的千人大法堂開堂講法，好嗎？」南老師不置可否地笑笑，沒有接受也沒有拒絕。

南老師讓宏忍法師請出了兩座供奉有「三乘同依佛舍利」的水晶舍利塔，讓我和弘宗法師請回兜率天宮和華林園供養。我們在欣喜之餘，不由得有些詫然。沒想到，七月份就得知老師閉關的消息，九月二十日，從太湖大學堂公告知道，老師四大違和，正住於禪定。九月廿九日下午，晴天霹靂，消息傳來：第二天下午讓我趕到太湖大學堂，參加老師的茶毗法會，爲老師送行。

在南老師的化身爐前，回想老師爲弘揚中華文化辛勤耕耘七十餘載，還用自己的生命給大家上完最後一堂課，我的淚水奪眶而出。

茶毗法會結束後，我看到了還站在老師化身爐前久久不肯離去的李總，上前對他說：「咱們都有個共同的遺憾，沒能讓老師親臨咱們的道場講法！」他點頭表示同感。

也許是南老師聽到或感受到了我們的遺憾，在我凌晨回到紹興入睡後，我夢到了老師：夢中，我陪老師參觀兜率天宮，他老人家白衣飄飄，精神矍鑠。夢醒時分，我滿臉淚水且滿心歡喜，我知道老師來兜率天宮了，他還要爲期待已久的天人說法。

於是，我暗自下決心，加快兜率天宮的建設步伐，儘早完工。並發願在天宮建造、供奉老師的真身塑像，能夠讓更多的人，生大信心，啓發心智，慕無爲道！

我期待著兜率天宮建成開光的那一天，這是我立志弘揚中華文化的新起點。

「一劍霜寒四十州！」老師，我記住您的教誨了。

默哀南老

何新

（何新，中國社會科學院研究員、著名作家。）

何新在此謹向南老默哀！

何新認識南老，前後拜訪過兩次。

南老是何新很多朋友的朋友。追憶十多年前，何新在香港喝過南老家的素粥。長桌廣座，會聚天下英豪，令小子印象深刻至今。

又三四年前，曾在太湖觀謁南老書房，奇珍異寶，網羅人間精粹——那據說輕易是不給人看的。

猶憶太湖邊精舍寶地，清淨幽雅。老人家學養深厚，秋冬養氣，春夏讀書。鶴髮童顏，文質彬彬，令老土在下何新不勝誠惶誠恐。

摯誠友人見面，僅論交誼不談學問。南老好人一介，不是大師不大師的。

何新竊以爲，當今凡號稱大師招搖過市者蓋無好人。南老是好人，所以向並不以大師自居。

至於何某，後生晚學，在老前輩面前渺若微毫，豈敢輕易開牙論道。

半個多月前從董宏先生處已知南老圓寂消息。

又聞之南老有遺言不辦儀式，更增仰佩！南老本具仙風道骨，蟬蛻人寰，大德永在，滋潤後人，恒留清譽不朽！

世間須大道，何只羨車行

——訪國學大師南懷瑾

林宏偉

（林宏偉，《中國工商時報》報社負責人。）

「上下五千年，縱橫十萬里，經綸三大教，出入百家言。」這是學界對國學大師南懷瑾先生的一種敬仰。去拜訪這位學富五車的鄉賢，當面聆聽大師的教誨，則是我多年的夢想。

壬辰夏日，我從北京回到江南，肩負使命般踏上追夢之路。

拜見南師，需要緣分

位於江蘇吳江市廟港鎮的太湖大學堂，是國學大師南懷瑾先生目前暫時居住與傳道的地方。占地約三百畝的太湖大學堂臨湖而建，寧靜而肅穆。七八幢中式建築錯落相生，由一條小道和遠處幾幢西式的小木屋相連，具有獨特的田園風情。

太湖的廟港，也就是「太廟」。這是南懷瑾先生回答許多人問他爲什麼選擇這裏的一個答案。

二十世紀八十年代，南懷瑾先生懷著愛鄉報國之心牽頭修建金溫鐵路時，讓我對這位遠在他鄉的鄉賢開始有所瞭解並產生敬意。九十年代，我在溫州樂清市政府工作時，曾參與修建樂清翁垟南懷瑾故居的一些工作。遺憾的是，這個故居至今也看不到多少有關南先生的蹤跡舊影。新千年之始，也就是南懷瑾先生選擇吳江廟港興建太湖大學堂之際，我曾隨家鄉父母官來過廟港，在工地上聽過許多有關南先生的故事傳說。二十多年來，陸陸續續讀過南先生的一些著文，帶著南師門生侯承業編著的《南懷瑾與金溫鐵路》一書，從樂清到溫州，轉調至杭州工作，最後來到北京，始終沒有放棄謁見南先生的夢想。因爲我現在工作的單位正在建設國學中心，人生路上的一些問題也想求教大師，終於讓我下定決心，在五月花開的日子，踏上尋訪南先生的道路。

「拜見南師，需要緣分。」這是吳江文藝界一位領導在我讓他幫助聯繫拜見南懷瑾先生時說的一句感言。他說自己雖然生活在吳江，卻沒見過南先生，有兩次跟隨市主要領導去太湖大學堂，也無緣見到南先生。

果然如此。我通過江蘇、上海許多自認爲可以聯繫上南先生的關係，現在都無法接上頭，即便到了太湖大學堂門口，也因爲沒人接待而無法入內。最後，我把希望寄託在家鄉樂清。當我打通樂清市人大主任趙樂強的電話時，這位近年力推地方文化復興的父母官說：你的電話來得真及時，我正在前往杭州的路上，已約好明天去拜見南先生。

這或許就是緣分。古話說，來得早不如來得巧。事後設想，如果我提前三五天聯繫，他或許還沒定下時間行程，前途也就無法預知；要是推後三兩天聯繫，他已見過大師，就不便再去打擾，我也就無緣了。而趙樂強主任這些年爲家鄉文化人做了不少好事，是我多次回樂清想拜訪而多年未謀面的人。也因爲緣分，我們不僅相聚在五月花開的日子，而且，還一起去拜訪一位需要有緣才能拜見的大師。

研究國學，要學溫州話

第二天（五月廿九日），我們如約來到太湖大學堂，併入住學堂專門招待來賓的客房。晚六點，南先生在大學堂被稱之爲「人民公社」的食堂陪我們吃飯。據說，陪客人吃飯是南先生給客人的一種特殊待遇。

「我們都是溫州樂清人，我們樂清的『樂』字，至少有四種讀音。你們知道嗎？」年逾九五的南懷瑾先生精神矍鑠，健步行走，談吐清晰，見到家鄉來人，話題自然從與家鄉有關的事說起。

坦白地說，我們都知道樂清的「樂」是個破音字，卻很少知道有這麼多種讀音。南先生說，除了都讀lè和yuè，還有讀yào，如在《論語・雍也篇》中的「智者樂水，仁者樂山」。此外，河北有一個縣名叫樂（lào）亭。如果加上溫州土話讀e，就不止四種了。

南先生還清晰地給我們誦讀溫州江心嶼宋代樂清籍狀元王十朋那對奇妙的名聯：

雲朝（zhāo）朝（cháo）朝（zhāo）朝（zhāo）朝（cháo）朝（zhāo）朝（cháo）朝（zhāo）散；

潮長（cháng）長（zhǎng）長（cháng）長（cháng）長（zhǎng）長（cháng）長（zhǎng）長（cháng）消。

南先生告訴我們，現在的普通話和古音有很大差別。廣東話是唐代國語，閩南話是宋代國語，我們溫州話至今還保留許多古音讀法，是唐宋之間的國語，用溫州話作詩填詞，押韻要比普通話更接近古音。他說，現代人研究國學，要學習溫州話。

樂清舊時分縣東和縣西，縣東近現代主要名人有辛亥志士、著名報人朱鏡宙，國民黨「立法院長」倪文亞等；縣西有為促成第二次國共合作發揮重要作用的國民黨組織部代理副部長張沖、南先生和陳誠等同門恩師朱味淵等。南先生談起故里鄉紳名士，十分清楚。因為要寫回憶錄，他還詳細地詢問家鄉一些地名交通和居民住戶的變化，說自己準備請人航拍一張今日樂清的地圖作參考。當趙樂強主任告訴他，樂清現在已有現成的航拍地圖，回去就可以寄給他時，老人不顧九十多歲的高齡站起來鞠躬致謝。

南先生回憶說，自己剛到臺灣時，帶去一部清代編撰的《樂清縣誌》。他發現當時在臺灣的倪文亞、朱鏡宙等同鄉名士都沒有家鄉方志，曾面責他們不關心家鄉，自費出版印刷了上千冊贈送給在臺灣的同鄉。

南先生對家鄉的熱愛之情，可謂是「一片冰心在玉壺」。近年來，南先生已很少為外界題詞，但當趙樂強主任和我誠邀大師為家鄉的「三禾讀書社」，以及擬舉辦的「八百里甌江圖卷」創作活動題詞時，南先生欣然應允，給我們以極大的鼓勵。

別裁論語，國強為尊

南懷瑾先生給人的感覺永遠是和藹可親的，具有仙風道骨之氣。

南先生說，我個子不高，但有時候架子也不小，那大多是在外國人面前。南先生曾愉快地和我們談起他在美國生活的一些片段。二十世紀八十年代，南先生曾在美國生活了三年。他在美國居所門前擺了一對很大的從慈禧手裏流失到國外的石獅子，架勢也很大，讓許多進進出出的美國人都弄不清楚他是個什麼大人物。有人請他講課吃飯，見狀也不敢怠慢，讓跟隨他的中國人見了都很過癮。

南先生去美國時，帶了十多個隨從。當時許多中國人在美國因爲沒錢看不起病，南先生就隨身帶去了兩大袋中草藥。過三藩市海關時，美方檢查人員不清楚南先生帶的是什麼，讓警犬上躥下跳地嗅查。南先生身著長衫，手拄拐杖，擺出一副愛理不理的樣子。美方人員問，這個人是誰？南先生的學生告訴對方：他可是中國當代的孔子，是你們總統請來的客人，不是他自己要來的。他帶的可是能治百病的中國神草，要是不能過關，你們就得好好給保管，等先生回國時再帶回去，要不現在就帶走。美海關檢查人員看南先生的架勢不好欺，只得乖乖放行，讓南先生一行帶著中草藥出關。

席間，南先生還給我們透露了這麼一件事。二十世紀九十年代初蘇聯解體時，他曾主張出資把前蘇聯的整個黑海艦隊買下來，捐給國家。可惜的是南先生的主張未被重視。當時，他還出資五十萬元幫助哈工大開展對蘇技術交流和人才引進，也因爲種種原因，哈工大兩年後才收下這筆當時學校急需的資助。

南先生幽默地說：「我這個人身份比較複雜。共產黨說我在國民黨那邊當過官，要抓我；國民黨則說我幫助過共產黨，也要殺我。其實，我是無黨無派，就是愛國。什麼有利於國家，我就做什麼。國家強大了，我們做國民的才會有尊嚴。」

近年來，海峽兩岸陸續有權威人士撰文披露南懷瑾先生作爲國共密使，爲促進兩岸和平統一大業所作努力的史實，讓我們對大師的愛國情懷又增添許多敬意。

歷史經驗，文化中國

「共產主義的理想，社會主義的福利，資本主義的經營，中國文化的精神。」這是南先生二十多年前在美國講學時，教導回國投資建設的僑胞必須具備的四項基本理念和認識。他把中國文化的精神設定爲一個終極目標。

一九九三年四月十六日，南先生曾給修建金溫鐵路的同仁寫過一封信。信中說：「只要你們有這個心，真肯爲國家、爲老百姓盡心盡力，我願意拿出兩三千萬美金，由你們去自由發揮。什麼名，什麼利，我都不要。所有的功勞歸你們，所有的好處也歸你們。我真正願意做的是：爲文化事業作出貢獻。那比起這條鐵路的價值，不知高出多少倍。這是無形的，但卻是我真正的目標。」言辭間讓人感受到南先生一生對文化事業非同一般的追求和熱愛。

南先生一生著作等身，桃李滿天下。他總結千年歷史，把文化建設放在國富民強的首要位置上，並孜孜不倦地爲之努力。金溫鐵路建成後，他信守諾言，功成身退，把所持的股份全部歸還給國家，專心從事文化事業，在吳江廟港興建太湖大學堂，傳道授業。

讓人感到新奇的是，南先生對傳統文化的教授並不是封閉的，而是開放的。他讓學生創辦了吳江太湖國際實驗學校，探索辦學經驗給社會國家參考。這所小學的教育理念是，將中華傳統教育融合西方體驗式教育之中，以生命科學爲基礎實踐人文的精神。大學堂現招收小學一到六年級各一個班學生，課程以兼顧兒童身、心、靈爲主要特色，希望結合田園教學、文化課程、心靈教育，培育出術德兼修、知書達禮、心胸寬闊、體魄健全的國民。

南先生還有一個教育理念，那就是「強國必先強種，強種必先強身」。他認爲，一個國家的強大，和其國民的身體強壯有著密不可分的關係。因此，南先生十分重視學生的身體素質培養。在太湖大學堂，學生每天都要上體育武術課，以此強健身體。據南先生的長孫南品峰介紹，他前些日子來太湖大學堂看爺爺，南先生還教他紮馬步。

鐵路已鋪成，心憂意未平。
世間須大道，何只羨車行。

這是一九九七年八月，南先生在金溫鐵路建成通車時作的一首詩。詩的後兩句表明了大師的心境，那就是世間須有大道，這大道不只是可以行車，而是一條可以通往人心的大道，是一條用文化、用道德發現修築的大道。

這就是國學大師南懷瑾先生真正要做的事，一個大賢的文化紀事。

南懷瑾的生活禪

張耀偉

（張耀偉，道南文化集團董事長，道南大學堂創辦人。）

訣別

首先，講講我最後一次見南先生的情景。二〇一二年八月的一天，南先生已經不接待訪客了。我經南先生同意，前去位於江蘇吳江廟港的太湖大學堂，下午四時，南先生在他的辦公室接見我。南先生招呼我坐在他邊上，緊挨著他，他說，這個社會亂了，治理需要花大力氣。教育要從小抓起，教育切莫以盈利爲目的，你創建道南大學堂，要記住這一點。從今以後，你要自立。每天讀書，每天打坐，發心做事。

南先生說完話，劉雨虹老師把我拉到一邊，跟我商量太湖大學堂成立編輯工作室相關事宜。我說，我去做一個方案讓劉老師並報南老師審定，在我與劉老師交談之際，宏忍師拿著南先生親筆題寫的「道南文化」墨蹟走了進來。我拿著有南先生墨寶的冊子走到老人家跟前，深深地鞠了三個躬。沒想到此次見面竟成了我們的訣別。

這就是我最後一次拜見慈祥的恩師時，他老人家對我的叮囑。南先生當時很虛弱，不停地咳嗽，面容消瘦，端詳著恩師，我內心一股酸楚之情油然而生，眼眶濕潤了。

原計劃向南先生彙報完工作即返回，見南先生如此情景，我決定留下來陪伴先生用晚餐。我默念著准提咒，希望我這個年輕的身體能傳遞出一種有活力的能量來祛除先生身上的病毒。我陪先生圍坐在餐桌邊，向先生報告，我已經近三個月晚上不進食了，先生說，耀偉進步了。那一天的晚餐已經沒有往日那種四方賓客、齊聚一堂、師生互動、談笑風生的景象了，只有親近先生常駐大學堂的幾位同學和工作人員。記得回去的路上，劉紅薇姐從北京轉道上海原計劃去太湖大學堂拜訪先生，她打電話給我詢問了先生的情況，我說，讓先生休息吧。那是我最後一次見到恩師，想不到竟成了我們師生最後的訣別。從那以後一直到九月份，先生被送到上海的醫院醫治直至先生圓寂，我再也沒有見過先生。

學問

隨著南先生蜚聲海內外，在學術界開始非議不斷，很多人對他的學問表示懷疑，甚至誤解。如多年教誨我的師友國醫大師裘沛然先生，深諳傳統文化，九十年代剛開始閱讀南先生的著作時，苛責文章邏輯不嚴密，還數次對我提出關於南先生學問的懷疑，後來隨著讀南先生的書多了，並當面和南先生交流以後，也認同和敬佩南先生了。去年我去臺灣訪問，專程拜訪了李敖先生，一踏進李先生家門，他就說南懷瑾是個騙子，我問爲什麼？他說，自古至今哪有儒佛道通家。臺灣另一位大學者陳鼓應先生，也多次跟我談起南先生，對南先生的學術表示懷疑，但是近幾年，陳先生對南先生著作的影響力也表示認同，甚至提出在適當的時候去研究南先生的學術著作是如何走通俗出版路線的。

其實，南懷瑾先生雖然蜚聲海內外，人們尊稱他爲「教授」、「大居士」、「宗教家」、「哲學家」、「禪宗大師」和「國學大師」，但南先生本人卻十分謙虛低調，他一直堅持說自己「一無是處，大師的大字加一點是『犬師』」。他一生授業、傳道、解惑，極其平凡，大道至簡。

首先，南先生讀書廣博，他認爲自己不是學者，沒有學問的負擔，不受學問所累，不皓首窮經，非埋首書齋，求真實務，對生命、世局、宇宙的觀察，不是一般學者所能達到的。他是修行人，也是謀略家、縱橫家，是傳奇人物，他遊走在入世出世之間。他的影響遍及海內外，遍及廟堂和江湖之中。

時下流行學術專業，南先生沒專業沒門派，他讀私塾自學，在學問上，學研傳承中國先賢聖人，遊學四方，行走江湖，記得十五歲時寫的詩：「西風黃葉萬山秋，四顧蒼茫天地悠。獅子嶺頭迎曉日，彩雲飛過海東頭。」俯仰於天地，植根於中華大地，直上雲霄，直奔學問的源頭，這種氣魄和視野已超越普通的學問。

臺灣學者薛明仁說：他將文史哲藝道打成一片，不受學術規範所縛，也不受學術流派所限，更不管枝節末微的是非與對錯；他行文論事，總信手拈來，左右逢源；言說之方式，更是不拘一格。因此，他的書可風動四方，也可讓沒啥學問的人讀之欣喜。於是，明白者，知其汪洋閎肆、難以方物；不知者，便難免有「隨便說說」、「野狐禪」之譏了。

南懷瑾的心量與視野，又迥異於一般談傳統學問常見的那種宋以後的格局。宋之前與宋以後，差異極大，攸關至巨。宋之後，士專於儒，而儒又閉鎖，士遂萎縮。士的萎縮，導致理學家的大談心性，也導致晚明文人的耽溺風雅，還導致乾嘉士人埋首於故紙堆裏的考據學問。而今兩岸的中文學界，仍多是這三個系統的分支與衍生；能昂然掙脫者，其實不多。也正因如此，越到後頭，談中國學問的讀書人給人的印象，常常要不就酸，要不便腐，要不就充斥著門戶之見的意氣之爭。換言之，自宋以後，士人的整體格局忽地變小；該有的氣象也已然不再了。

南懷瑾不然。南懷瑾直承漢唐氣象，兼有戰國策士的靈動與活潑，同時又出入於儒釋道三家。於禪，獨步當今；《禪海蠡測》尤其精要。但他的《論語別裁》卻風靡天下，膾炙人口。究其原因，或以其通俗易懂，但更緊要的，其實是全無宋儒以降之酸腐味也。當然，以專業角度來看，《論語別裁》細節上的謬誤，其實甚繁；章句的解說，更多差池。正因如此，向來強調專業主義、執著於細節真偽對錯的兩岸學者均不以爲貴；不僅長期忽視之，甚至還一直蔑視之。只要談起《論語別裁》，幾乎就是不屑一顧。然而，《論語別裁》的價值，本不在於細節的是非與對錯。該書之可貴，是在於跨越了宋以後的格局，直接再現中國學問該有的宏觀與融通。有此宏觀與融通，便可使學問處處皆活，立地成真。

事實上，凡事都該空氣多流通。空氣流通，才可呼吸吞吐，學問才會有氣象。學問如此，爲人亦如此。曾有南懷瑾先生的學生說，南先生「比江湖還江湖」；另一個學生則看南先生「不管如何歪魔邪道的人物，他照樣來者不拒」，別人怎麼議論，南先生從不理會，遂看得「既驚又怕」；後來總算漸漸明白，才由衷佩服，言道，「南老師是既可入佛，又可入魔的老師。」

南先生呢？南先生講佛經，說儒典，談老莊，此外，也頗涉謀略之學，分別講過《素書》、《反經》、《太公兵法》；其人有王佐之才，其學堪任王者之師。嘗被舉薦於臺灣當局，亦曾爲蔣經國所重視。但作爲一個領導者，蔣經國喜歡的，是忠誠勤懇之技術官僚。南懷瑾爲人不羈，門人又多一時顯要，旋即遭蔣經國所忌。南見微知著，遂毅然離台赴美。

南先生常言，「長短之學和太極拳的原理一樣，以四兩撥千斤的本事舉重若輕。」凡事若能「中」（去聲），能準確地命中要害，才可能舉重若輕。大家熟知的庖丁解牛，就因能「中」其肯綮，才遊刃有餘。南先生善謀略，也通於諸藝。他學得一身武藝，平日並不輕易顯露，但仍教過國民黨大老馬紀壯、劉安祺等人打太極拳。他又通醫術，會幫學生開方子。

南門弟子孫毓芹，古琴界尊稱「孫公」，乃數十年來臺灣最重要之琴人，其在臺灣的古琴因緣就是由南先生而起。又佛教梵唱有「蘇派」，當年在台傳人，唯有戒德老和尚，南先生爲延請至臺北的「十方叢林」書院傳授唱誦，還親自頂禮恭請。此外，南先生也寫詩填詞，另有一手清逸的好字。

直到九十三歲，南先生還示範吟唱杜甫的《兵車行》，聲若洪鐘，音正腔圓。據現場與聞者形容，「氣勢如壯年，音清如少兒」。南先生親自教我寫字，鑒別書畫的意境格調。

南先生於二〇一二年九月廿九日仙逝，他入定九天（停止呼吸、心跳），身體依然保持體溫九天，給我們留下了值得深思的生命奧秘，這就是禪。為感懷恩師，撰寫此文，是為紀念。

南先生的禪是什麼？

天文、詩詞歌賦、書畫，南先生的禪涵括了中西學問，一切都是，一切都不是，超越一切，超越一切都不是。二十世紀四十年代，二十多歲的南先生皈依禪學大師袁煥燦，到峨眉山閉關，苦學潛修，研讀《大藏經》，學研戒律，數十年如一日，出入三大教，橫貫中西學，尤其在禪學方面成果巨大，其佛學思想大多體現在他的著作和禪詩中。「佛說一切法，為度一切心，我無一切心，何用一切法」；「萬斛珠量鬥富豪，江山無主月輪高。婆娑淚海三千界，爭入空王眼睫毛」；「當時只是平常事，過後思量倍有情」；「此身不上如來座，收拾河山亦要人」；「慈航本是度人物，無奈眾生不上船」。

什麼是禪？梵語「禪那」，爲靜坐息慮之意。六祖慧能創立禪宗，「即心即佛」、「頓悟見性」、「自性自度」，人人皆有佛性，佛即頓悟，俗即執迷。人可以見性成佛（**頓悟直指人心**），禪是實現人生解脫的生命哲學，是一種美學體系。這種哲學思想、美學思想成爲中國書畫發展的重要組成部分，禪畫便是這一美學思想的具體產物。中國禪畫是中國藝術發展史上的瑰寶，超然深邃，氣韻生動，筆簡形具。從東漢至近代，名家輩出，風格多樣，「以形寫神」、「秀骨清像」、「心物合一」，從董其昌、石濤、虛穀、揚州八怪，直至李叔同、豐子愷等，中國藝術史上的大家比比皆是。

南先生曾說，「了了了時無可了，行行行到法王家」。前不久，我向張尙德教授討教，南先生爲什麼走了？張教授說，沒有人說真話，活不下去了，走了算了。這是四年前南先生跟他說的，阿彌陀佛。走了，無煩惱，快快樂樂，沒有痛苦。《紅樓夢》道：「世人都曉神仙好，惟有功名忘不了！古今將相在何方？荒塚一堆草沒了。世人都曉神仙好，只有金銀忘不了！終朝只恨聚無多，及到多時眼閉了。」南先生一生，大道至簡，平凡樸實。南先生確是近百年來被公認的一位智者，熟悉他的同學都這樣描述他：老師，身無分文富可敵國，身無片銜權傾天下，左手揮金如土，右手捏土成金，有無數的例子可以詮釋這樣的評價。新中國第一條非公鐵路（**金溫鐵路**）是他籌款興建的；一生傳道授業解惑，弟子遍及海內外；宣導誦詩讀經，教育從孩子抓起；發起創立籌資數十億的光華文教基金（**我的親友就有獲得過光華獎學金的**）；兩岸秘密談判的重要牽線人。我清楚地記得二十世紀九十年代初，汪道涵先生在上海華僑飯店與南懷瑾先生特別代表張尙德教授會晤，「汪辜會談」由此拉開帷幕，當時我也在場，有幸見證了這一歷史事件。

生命的奇蹟

南先生是自己走的，從閉關到入定到圓寂，讓我們親近他的一些同學親身感受了一代宗師的生命奇象。南先生入定九天，沒有呼吸，沒有心跳，沒有脈象，身體依然是溫軟的。佛法說，這叫暖知壽，就是沒有呼吸，沒有心跳，沒有脈象，但生命還在，意識還在。記得入定期間，先生身邊陪護的同學用意識跟先生交流，到先生指定的一個地方拿了一條被子蓋在他身上。這個故事大家都知道。據《大般涅槃經》記載：佛祖釋迦牟尼涅槃前，是進入諸層禪定並數次出入諸層禪定，爲弟子反覆闡述平等不二法門，當時服侍者阿難及眾人於佛入定時大家都疑惑，佛是否已涅槃，而佛最後才入第四禪定，寂然無聲般涅槃。南先生雖然沒有像佛祖那樣數次出入定，但他在入定無呼吸卻有暖相九天，說聲非聲，說寂非寂，然後在中秋皓月當空的吉祥之夜捨壽。南先生的生命奇象預示了佛月相印，和光同塵，爲大家昭示了生死涅槃不二法門。

先生走了，先生沒有走！我感懷先生！

認識南懷瑾，弘揚南懷瑾

周瑞金

南懷瑾先生辭世一年多了。許多仰慕、崇敬他的學者、醫生、律師、教師、公務員、企業家、新聞記者、藝術家、金融界人士、自由職業者，等等，各界人士都滿懷真情撰寫了感人至深的懷念文章。與南先生相識相隨四五十年的劉雨虹先生，一年多來已主編了《點燈的人》與《雲深不知處》兩本紀念文集。現在，由道南書院、恒南書院和江村市隱主持編輯出版的紀念文集《認識南懷瑾弘揚南懷瑾》，也相繼出版了。這對我們深入認識南懷瑾先生，進一步弘揚南懷瑾先生的精神，是大有助益的。

南懷瑾先生是當代弘揚中華優秀傳統文化的先驅。他幼承庭訓，天資聰穎，十九歲以前廣泛涉獵經史子集，諸子百家，醫藥武藝，詩文皆精。二十五歲於袁煥仙先生處印證悟道之後，深感傳統文化如果斷滅，中華民族將萬劫不復，比亡國還危險一萬倍。於是，二十六歲的南懷瑾在峨眉山宏深誓願，把弘揚優秀傳統文化，接續中華民族文脈，作爲自己畢生努力的方向。從二十六歲發宏誓願，到九十五歲圓寂，七十載春秋，七十年心血，南師畢生從事弘揚中華歷史文化與人性教化事業，不求名，不爲利，苦口婆心，循循善誘，以自己的身教言傳，影響著有緣見面的人，藉以影響群倫，影響社會，始終如一地完成了接續中國文化斷層的大願。

孔子說：「道不遠人，人之爲道而遠人，不可以爲道。」南師數十年來，一直主張道是天下的公道，最好要把道理學問講得深入淺出，最好連沒有文化的人都能聽懂。他的著述就身體力行，大多深入淺出，洋溢著「道不遠人」的親和力與說服力，沒有酸澀死板的學究氣，而且旁徵博引，兼攝古今中外，浸透著極爲豐富的人生閱歷與經驗，充滿著不可思議的智慧靈光。因而，廣泛被士農工學商各界各階層、從十幾歲到九十幾歲各年齡段讀者所喜愛。他講學傳道幾十年，受教者受益者無數，其中不乏國內外科技界工商界的精英，如中國科技大學原校長朱清時、上海斯米克集團董事長李慈雄、綠谷醫藥公司董事長呂松濤，以及被譽爲現代管理學大師的美國麻省理工學院教授、《第五項修煉》一書的作者彼得•聖吉等。南師潤物細無聲的人性教化，滋潤了人們的心田，不同程度地啓發了、感動了、改變了人們的內心，令人無限的感佩和思念。南師辭世後，彼得•聖吉特地從美國趕到太湖大學堂，發願要把南師的學問和著述進一步傳到西方去，傳到世界去。他說，中國文化對西方乃至全世界是很有幫助的，尤其這個時代和未來，世界充滿了危機，非常需要借鑑中國傳統文化諸多寶貴的思想與經驗。就拿管理學來說，如果只是寄託於規則和利益管理，而不是以各自的內心觀照和修養爲立足之本，就不是真正好的管理。

縱觀南懷瑾老師一生的業績修爲，可以用兩句意味深長的話概括：「手無分文，富可敵國；身無片職，權傾天下」。他的商業實踐和對工商界人士的關注與護持，他畢生弘揚中華優秀傳統文化，教化眾生，推進文明，其實質都是爲實現「爲天地立心，爲生民立命，爲往聖繼絕學，爲萬世開太平」的崇高理想的寫照，是中國古今文人窮其一生所追求的「修身、齊家、治國、平天下」的家國情懷和高度智慧的體現。

他第一次和朋友一起做生意開公司取的名字就叫「義利行」，具有鮮明的傳統文化色彩。他尊姜子牙爲中國商人的祖師爺，推崇管子的經邦濟世哲學，都是根植於歷史文化中源遠流長的中華文明的展現。他曾說：「一個人一生裏做的事情，對人類永遠有功勞，永遠謀利於大家，這個才叫事業，如大禹治水。其他的上到皇帝，下至乞丐，都不是事業，那是職業。」在他看來，現在很多人將教育、科技、工商業做好，發了大財，或者官做得很大，那都不是事業，只是職業。只有對社會大眾、國家民族做了貢獻，才是事業的精神所在。因此，他的一生從不爲錢財所捆綁，一旦需要投資實業謀福利於大眾時，他振臂一呼，就有眾多回應者參與並提供資金，堪比富可敵國。

以修建金溫鐵路爲例。二十世紀初孫中山先生就在《建國方略》中雄心勃勃地勾畫了一幅神州鐵路建設藍圖，其中有一條鋼鐵動脈，將福州、溫州、金華、杭州貫通起來。修建一條由溫州直達金華，進而把溫州與浙贛鐵路大動脈緊緊聯接起來的鐵路，將產生巨大的社會經濟效益。爲此，浙江地方政府和民眾曾七次開工興建金溫鐵路，因爲種種原因，一直未能如願。

一九八八年，當溫州市領導前往香港邀請南懷瑾老師牽頭修建金溫鐵路時，有著深厚愛國愛鄉情懷的南師倏然動容，毅然答應。他說：「這條鐵路大家企望了八十年，修了七次都沒有成功，今天我就決定一定要修，不是爲我，是爲了開啓一個大例子，中國政府的公共建設可以和外資合作。因爲不如此，不能加速國內的公共建設。所以我們不去打開這個關閉的大門，那麼幾十年都不會有人打開這個大門的。」

為此，南師調集專家夜以繼日地伏案疾書，完成了《對金溫鐵路的淺見》，提出了改革的建設設想。由外資與地方政府共同牽手，打破內地鐵路由政府或國營企業獨家經營的慣例，催生了中國第一個中外合資地方鐵路公司，並很快籌集第一筆二千多萬美金。一九九二年十二月十八日，中國第一條引進外資興建的地方鐵路——金溫鐵路正式動工；經過五年建設，於一九九七年八月八日全線鋪通，一九九八年六月十一日正式通車，翻開了中國鐵路建設改革開放的新一頁。

南師畢生是個文化人，沒有任何官職。然而，他在臺灣辦傳統文化講習特別班，底下坐的全是臺灣當局軍政要員，將星閃耀。有一副聯語記述當時盛況：「白屋讓王侯，座上千杯多名士；黃金如糞土，席前百輩數英雄。」

一九六六年，南師受邀在臺灣海陸空三軍基地巡迴演講中國傳統文化。在台中空軍基地演講期間，蔣介石先生曾親蒞幕後聆聽，那次演講，南師特別強調亡國尚可復國，若民族文化亡掉，中華民族將萬劫不復！蔣先生深為所動，發起中華文化復興運動，幾個月後正式成立中華文化復興運動推行委員會，邀請了大批學者參與其中（包括錢穆先生等等），為保留中國傳統文化做了不少工作。當時蔣先生曾邀請南師主其事，被婉辭。南師一直說，在兩黨間，他只買票不入場。後來，九十年代初，內地王震將軍、鄧力群先生等牽頭的中國國史委員會，曾邀請南師任副主任委員，也被他謝絕了。然而，他雖不受任兩岸任何職務，但他的學問和事功在兩岸影響朝野。南師圓寂當天晚上就收到溫家寶總理給予高度評價的唁電。「上下五千年，縱橫十萬里。經綸三大教，出入百家言。」這是國民黨四大元老之一李石曾先生當年在臺灣贈送給南師的話。弘揚文化，教化人性，無堅不摧，無處不往，時空難限制，權力難阻擋，這不正是「身無片職，權傾天下」嗎？

南師自許一生修了兩條路。一條是歷經十年籌畫修建的金溫鐵路，是爲國家與桑梓謀福利，開創中國建設之先例的道路；另外一條是他用一生修造的心路，一條以傳統文化療治精神危機，比有形的路更難修的心路。在修建金溫鐵路期間，他委曲求全，備嘗艱辛，親自參與對金溫鐵路的整體規劃、管理制度、經營方法、工程品質、海外融資、股份制改造、班子人選等工作，讓金溫鐵路留下了深深的「南董」印記。這就是南師言傳身教、科學教化的一個案例。那個年代，他不僅應邀投資建設金溫鐵路，還動員更多弟子學生到大陸投資辦企業，在大陸傳播先進經營理念、方式和傳統文化，傳播他提出的「共產主義理想、社會主義福利、資本主義經營、中華文化精神」的理念，使傳統歷史文化在中國大陸的工商實踐中得到弘揚光大。

人們稱頌南懷瑾老師爲「國學大師」、「佛法泰斗」、「禪宗大師」、「道家高人」、「密宗上師」、「當代大隱」等等，這都只是南師學問修持、人生行止的不同側面，不足以概括他的全面素養、品格、地位和貢獻。他自己卻從不接受這些稱號，他常說自己「一無所成，一無是處」，自己永遠處於「學人」之位。

南懷瑾先生畢其一生弘揚中華傳統文化，在他晚年回大陸十年間，他始終糅合了儒、釋、道三門學問，向人們傳授傳統文化的精髓。而且注重實踐，要求人們「以佛爲心、道爲骨、儒爲表」來修煉自己、提升自己。那麼，何謂佛心、道骨、儒表呢？

我從接觸南懷瑾先生著作二十多年來，特別是他來大陸以後的十年間，聽他的演講、解經、打坐、修禪，以及閒談聊天、評人論事，我初步領悟到，所謂「佛心」，就是喜捨心、持戒心、忍辱心、精進心、靜定心和慈悲心。

喜捨心，就是力戒貪婪，樂於幫人、助困、解難，主動施以慈善，促進社會和諧。有錢財佈施錢財，有關愛給人關愛，有思想指導思想，有勇氣鼓勵勇氣。這也就是財佈施、法佈施、無畏佈施。

持戒心，就是自我警惕，主動防範，不該做的事堅決不做，不該說的話堅決不說，不該萌發的壞心思堅決不萌發。要把違法、違紀的事戒絕，要把搬弄是非、挑撥離間、污言穢語、造謠生事的壞習氣改掉，要把貪心、嫉妒心、癡迷心、驕慢心、猜疑心禁掉。

忍辱心，就是忍受得了別人的誤會、誤解、羞辱甚至是貶損，就像韓信當年從人家的胯下爬過去那樣。這就是大丈夫能忍眼前難忍之事，爲求將來的宏圖一展，培養自己寬闊的胸懷。

精進心，就是自我激勵，自強不息，精益求精，高標準、嚴要求，爭分奪秒，毫不懈怠，學習工作力爭上游，辦事助人都要做到第一流。

靜定心，就是靜以修身，內心安定，寧靜致遠，每臨大事有靜氣，不急躁，不飄浮，不操之過急，不急功近利，決不只圖眼前，不計長遠。

慈悲心，就是愛自己，愛別人，愛社會，善待生命，敬畏自然，關心世間疾苦，救助民眾災厄危難，啓迪眾生克服人性弱點與缺失，擺脫貪嗔癡，走上追求幸福與良知的精神新境界。

那什麼是「道爲骨」的道骨呢？老子《道德經》有言：「上善若水。水善利萬物而不爭，處眾人之所惡，故幾於道。居，善地；心，善淵；與，善仁；言，善信；政，善治；事，善能；動，善時。夫唯不爭，故無尤。」故道骨者，上善之水也！

水，是人類生命之源，又是人類的楷模與導師。中國古代哲學家極力讚美水的偉大品性，認爲它永遠値得人們學習與敬仰。水有滋養萬物的德行，而不與萬物衝突相爭。

道骨如水，有強大內聚力，水滴相觸融爲一體，緊密無間永不分離。水能除汙去穢，以自己潔淨洗滌骯髒，不怕污濁自己。水能順境應變，能方，能扁，也能圓；能遇寒成冰，遇溫成液態，遇熱變氣體，而萬變不離其宗。

道骨如水，能高能低，能上能下，高至雲端，低至洋底，上至山巓，下至地層；而又總向低處流，向懸崖峭壁險處流。水能屈能伸，曲時縮成一窪池水，伸時能長河萬里。

道骨如水，能靜能動，靜如明鏡波紋不興，動起來翻江倒海，驚天動地。水能柔能剛，潺潺溪流以婉轉身姿、美妙音樂給人們以柔美享受；又能以不懈怠的堅毅與韌勁，把鋼鐵滴穿，把岩石化爲粉末。

道骨如水，有自己的原則與規律，並非至順不逆。水能載舟，也能覆舟；地震觸犯，它以海嘯相報；人類觸犯，它以暴雨暴雪相報；工業污染，它以怪病災害相贈。

這就是「上善若水」的偉大品格，也是我們敬崇比照、學習遵循的道之骨！

那何謂「儒之表」呢？儒家提出「仁、義、禮、智、信」，被稱爲「五常」。作爲社會中的人，處理人與人之間的關係，要有基本的道德規則。仁義禮智信，正是貫穿於中華倫理的發展中，成爲中國價值體系中的核心因素和基本道德規則。

仁，人的心德。仁字從二人相處，說明不能離群而獨存，要考慮別人的觀念和人格，以立己立人，發揮老吾老幼吾幼的胸懷。己所不欲，勿施於人，發惻隱之心，寬裕溫柔，這就是仁。以仁爲核心形成的古代人文情懷，可以轉化爲現代人文精神。

義，義者宜也。所當做就做，不該做就不做。義發人羞惡之心、剛義之氣，「不義而富且貴，於我如浮雲」。它與仁並用爲道德的代表：「仁至義盡」。義成爲一種人生觀、價值觀，如「義不容辭」「義無反顧」「見義勇爲」「大義凜然」「大義滅親」「義正辭嚴」等。義也是人生的責任和奉獻，如義診、義演、義賣、義務等，至今仍是中國人崇高道德的表現。

禮，體也，人事之儀則。進退周旋得體，尊卑長幼有序，處事有規，淫亂不犯，不敗人倫，以正爲本，恭敬之心，中正之態。所以它與仁互爲表裏，仁是禮的內在精神，禮是仁的外在表現。重禮是「禮儀之邦」的重要傳統美德。「明禮」，從廣義說，就是講文明；從狹義說，作爲待人接物的表現，謂「禮節」、「禮儀」；作爲個體修養涵養，謂「禮貌」；用於處理與他人的關係，謂「禮讓」。這些已經成爲一個人、一個社會、一個國家文明程度的一種表徵和直觀展現。所以，學禮，以禮待人，是構建和諧社會的需要。

智，知也。明白是非、曲直、邪正、真妄，是爲智也。從道德智慧可延伸到科學智慧，把科學精神與人文精神結合起來，正是我們今天要發揚的。

信，信者不疑，誠實可信。「言出由衷，始終不渝」。信字從人言，人言不爽，方爲有信也。誠心之意，以誠居心，必然誠實。處世端正，不誑妄，不欺詐，是做人的根本，也是興業之道、治世之道。守信用，講信義，是中華民族共同的價值標準和基本美德。

與仁義禮智信相對應的，是溫良恭儉讓，也是傳統美德。即處處與人爲善，溫者貌和，良者心善，恭者內肅，儉乃節約，讓即謙遜。仁義禮智信的意思是仁愛、忠義、禮和、睿智、誠信。溫良恭儉讓的意思是溫和、善良、恭敬、節儉、忍讓，都是傳統美德。

這就是儒家提倡的待人接物的準則。「儒爲表」，就是按「五常」作爲自己做人的起碼道德準則，用以處理社會上人與人之間的關係。南懷瑾先生畢生弘揚中華傳統文化，從事教化世上衆生，歸結到一點，就是要把人造就成既有慈悲喜捨的佛心，又具備水一樣道骨的人格，待人接物、與人相處又具有仁義禮智信的儒表修養，那就是普度衆生。

南懷瑾先生離我們而去了，我們在懷念他的恩澤同時，確實應當更好地認識他，更好地弘揚他的精神，以不負他生前的諄諄教化！

後記

慎終追遠緬懷恩師

張耀偉

二〇一二年九月廿五日，上海文化藝術品鑒促進會和道南大學堂成立，是在南懷瑾老師入定第七天。這兩個機構是在南老師親自過問下建立的，連名稱也是南老師擬定，並親筆題字。四天後，即九月廿九日，南老師往生。

二〇一三年九月下旬，由上海文化藝術品鑒促進會主辦，道南大學堂、恒南書院、江村市隱等三家承辦，在上海舉行了南懷瑾先生逝世一周年紀念活動，參會者濟濟一堂，有相關方面的領導，有研究南老師著作和思想的專家學者，有南老師的師友家人，有南老師的弟子學生。大家暢所欲言，慎終追遠，緬懷大師，紛紛從自己與南老師的結緣說起，讚美南老師的高尚品德，探討南老師的思想學問，桃李不言，高山仰止。

二〇一四年九月，南懷瑾先生逝世兩周年就將到來。周瑞金老師建議，在南懷瑾先生逝世兩周年之際，我們再行舉辦一次座談會，邀請各方專家學者，和南老師的學生弟子，大家撰寫文章，緬懷大師，探討學問，攜手共進。這正合我願，我想這也是所有景仰南先生的專家學者和南老師的弟子學生們的願望。

爲此，我專程拜訪了劉雨虹老師，她鼓勵我把紀念活動辦好。爲把紀念活動辦好，我還邀請了葉小文先生、王茂林先生、朱永新先生、李小琳女士、南小舜兄、南國熙兄、李慈雄兄、呂松濤兄、馬宏達兄等，他們都給了我很大的支持。

我們深知，紀念像南懷瑾這樣的一代宗師，最好的方式就是繼承他的事業，弘揚他的精神與思想，使之發揚光大。

南懷瑾老師畢生宏願，以弘揚中華傳統文化爲己任，爲接續中華民族文脈而奮鬥，七十年獻身其中，國民黨元老李石曾讚美南老師「上下五千年，縱橫十萬里。經綸三大教，出入百家言」。然而，南老師卻海納百川，虛懷若谷，至簡至樸，內涵豐盈。

南懷瑾老師離開我們快要兩年了，可是在我們的心中，南老師永遠沒有離開，他的音容宛在，他的足音猶在，他也許不過是出了一趟遠門，或者是去了遠方旅行講學。他的思想光芒始終在照耀著我們。

本書彙集了南懷瑾老師的友人家人學生弟子結緣南師、追隨南師的感懷文章，也收集了一些專家學者研究傳統文化、研究南懷瑾思想的學術文章，從中可以多角度地解讀南懷瑾作爲一代宗師的品格、情懷、境界、思想、智慧，讓更多的人能藉此走近大師，認識大師，瞭解大師。

在編輯方面需要說明幾點：

第一，此書是在道南大學堂、恒南書院、江村市隱共同舉辦的南懷瑾老師逝世一周年紀念活動基礎上編輯而成。

第二，南懷瑾老師的《中國文化的生命科學》文稿由太湖大學堂郭姮晏老師提供，臺灣老古文化事業公司授權。由蘭溪根據南懷瑾先生生前講座資料整理而成。我們將此文編入書中，也算是南老師以他的往生爲我們開示他關於人生和生命的最後一課。

第三，在編排次序上，除了主編的序言和後記外，大致上考慮到作者與南老師結緣的前後和結緣的深淺，也適當考慮到作者的年資。相信南老師並不贊成我們這樣做，因爲每一個人在南老師面前都是平等的，既無親疏之分也無遠近之別。

第四，我們將二〇一三年南懷瑾紀念座談會嘉賓演講錄音做了整理，作爲附錄予以發表。因爲出版時間比較倉促，未及請演講人審閱，若有錯謬，望請指出，俾修訂時改正。

第五，道南大學堂是根據南老師生前指示精神所創建，今後我們將踐行南老師的道路，以傳承中華文化爲己任，陸續推出「道南文庫」，整理、編輯和出版傳統中華文化典籍，同時也編輯出版中西方文化融合的優秀成果。本書是「道南文庫」之一。已列入編輯出版計畫的圖書有將近二十種。

二〇一四年九月下旬，我們將在上海舉辦「南懷瑾先生教育思想暨中國書院文化座談會」；同時，也是紀念上海文化藝術品鑒促進會成立和道南大學堂成立兩周年，具有雙重的特殊意義。

南懷瑾先生從來不願意說自己開宗立派，他認爲「君子不器」，惟有不器，方可成其爲大，什麼「南門」、「南派」都是小器，都是狹隘，都是門戶之見。然而，在我們這些學生弟子心中，我們爲南老師的博大精深而折服，爲南老師的品格修爲而傾倒，也爲我們是南老師的學生和弟子而驕傲自豪。我們籌建「道南大學堂」，李慈雄等籌建「恒南書院」，都暗含一個「南」字，宣示著我們將會認認真真研讀南師著作，誠誠懇懇學習南師精神，兢兢業業踐行南師道路。

大道向南，並不僅僅是追隨南師踐行的道路，它還是一條中華民族的振興之路，是一條中華文明的復興之路。南師往矣，慎終追遠，我們在緬懷恩師的時候，更多的是責任和使命。南師常講，修行利他重在行。對我們每一位有夢想和有擔當的人來說，踐行最重要，行動起來最重要。我們相信，南懷瑾老師的思想之花、精神之花，必將結出豐碩的新果。此願可待。

二〇一四年八月十三日於道南大學堂

南懷瑾：一代大師未遠行

編　　者：周瑞金、張耀偉
發 行 人：陳曉林
出 版 所：風雲時代出版股份有限公司
地　　址：105台北市民生東路五段178號7樓之3
風雲書網：http://www.eastbooks.com.tw
官方部落格：http://eastbooks.pixnet.net/blog
信　　箱：h7560949@ms15.hinet.net
郵撥帳號：12043291
服務專線：(02)27560949
傳眞專線：(02)27653799
執行主編：朱墨菲
美術編輯：吳宗潔

法律顧問：永然法律事務所　李永然律師
　　　　　北辰著作權事務所　蕭雄淋律師
版權授權：蔡雷平
初版日期：2015年3月

ISBN：978-986-352-132-7

總 經 銷：成信文化事業股份有限公司
地　　址：新北市新店區中正路四維巷二弄2號4樓
電　　話：(02)2219-2080

行政院新聞局局版台業字第3595號
營利事業統一編號22759935

定 價：240元

國家圖書館出版品預行編目資料

南懷瑾 ： 一代大師未遠行 / 周瑞金, 張耀偉著. — 初版. — 臺北市 ： 風雲時代, 2015.01
面 ；　公分
ISBN 978-986-352-132-7(平裝)

1.南懷瑾 2.傳記 3.文集

783.3886　　103025579